BÉRÉNICE

Paru dans Le Livre de Poche :

RACINE

Bérénice

Tragédie

1670

PRÉFACE, NOTES ET DOSSIER PAR GEORGES FORESTIER

LE LIVRE DE POCHE
Théâtre

Professeur à la Sorbonne, Georges Forestier, parmi d'autres travaux, a publié chez Droz *Le Théâtre dans le théâtre sur la scène française du XVIIᵉ siècle* et *Esthétique de l'identité dans le théâtre français (1550-1680) : le déguisement et ses avatars*. Il est aussi l'auteur de deux ouvrages sur Corneille (*Essai de génétique théâtrale : Corneille à l'œuvre*, Klincksieck, et *Corneille : le sens d'une dramaturgie*, SEDES) et a édité Racine dans la Bibliothèque de la Pléiade et plusieurs pièces classiques dans Le Livre de Poche.

© Librairie Générale Française, 2001, pour la présente édition.
ISBN : 978-2-253-04499-4 – 1ʳᵉ publication LGF

PRÉFACE

> Adieu, servons tous trois d'exemple à l'univers
> De l'amour la plus tendre, et la plus malheureuse,
> Dont il puisse garder l'histoire douloureuse.
> (*Bérénice*, v. 1502-1504)

Une élégie ? Une tragédie ? Qui veut depuis trois siècles enseigner combien le théâtre tragique de Racine est un théâtre « poétique » ne se contente pas d'invoquer tel ou tel vers clé d'*Andromaque*, d'*Iphigénie* ou de *Phèdre*. Il renvoie à *Bérénice* tout entière. Le risque est de considérer *Bérénice* comme une tragédie sans tragique : point de sanglante catastrophe qui dépeuple la scène au dénouement, point de violence extériorisée dans les affrontements entre les personnages, point de ces coups de théâtre inouïs et désespérants qui mettent les caractères devant des formes de malheur dont le commun des mortels se croit abrité. Dans *Bérénice*, on se sépare à la fin en gémissant « hélas » mais en se jurant de vivre, on déplore tour à tour les affres du désespoir amoureux sans menacer son fauteur de sanglantes représailles, on se débat contre un état de fait antérieur au commencement de l'action, et qu'on pourrait, semble-t-il, annuler d'un simple mot.

S'il est indéniable que la « douloureuse histoire » contée dans *Bérénice* peut être perçue au premier abord comme un long chant plaintif et peut passer pour une « dolente élégie », comme on l'a dit dès le XVIIᵉ siècle, il reste à savoir s'il est justifié de dire que, pour cette raison, elle n'est pas une tragédie. Nous y reviendrons,

mais qu'un tel soupçon pèse depuis trois siècles sur cette
pièce suffit à révéler son statut singulier : *Bérénice*
tranche avec le reste de l'œuvre de Racine, plus extérieurement mouvementée, plus extérieurement violente,
plus extérieurement théâtrale, plus ostensiblement tragique. Elle a pour cette raison longtemps fait peur aux
comédiens, tout en étant mal jugée par les critiques et
le public aux XVIIIe et XIXe siècles.

Curieusement, ceux qui depuis la fin du XIXe siècle
estiment qu'il s'agit d'un des plus purs chefs-d'œuvre du
théâtre français ont eu à cœur d'expliquer qu'elle n'est
pas inférieure aux autres tragédies de Racine et en sont
même venus à la désigner comme « la plus racinienne de
toutes ». Dès lors, *Bérénice*, exception ou paradigme ?
   Voir en *Bérénice* le type même de la tragédie racinienne résulte de ce qu'on appelle aujourd'hui un mythe
critique. Il est de fait que les deux tragédies de Racine
les plus représentées depuis trois siècles, *Andromaque* et
Britannicus, ont fait verser force larmes. *Bérénice*, plus
encore. Il est de fait aussi que le personnage de Bérénice
s'inscrit dans une lignée d'héroïnes tendres et pures,
Andromaque, Junie, Monime, Iphigénie, Esther. Cela
suffit-il à affirmer que le versant le plus racinien de
l'œuvre est représenté par cette tragédie qui ne semble
reposer que sur le tragique des sentiments, porté par un
discours à qui la tendresse de la déploration et la simplicité de la langue permettent de se muer en « absolue »
poésie ? Comme si toutes les tragédies de Racine ne ten-
daient finalement que vers la tendresse et la pureté des
sentiments, la simplicité du drame et la mélodie du discours.
   Mythe critique, donc, qui vient de ce qu'on oppose
depuis toujours le théâtre de Racine à celui de Corneille,
et qu'on prend au pied de la lettre les mots par lesquels
il explique son projet dans sa préface :

> Ce n'est point une nécessité qu'il y ait du sang et des morts
> dans une tragédie ; il suffit que l'action en soit grande, que
> les acteurs en soient héroïques, que les passions y soient

excitées, et que tout s'y ressente de cette tristesse majestueuse qui fait tout le plaisir de la tragédie.

Racine, ce ne serait donc pas aussi coups de théâtre, calculs politico-amoureux, violences passionnelles, mensonges, trahisons, sang, folie et mort ? À ce compte, évidemment, *Bérénice* serait *le* modèle racinien. On voit que finalement le malentendu porte moins sur *Bérénice*, que sur le reste de l'œuvre. Toutefois il est une manière élégante et juste de résoudre le paradoxe : *Bérénice* constitue l'exacerbation de l'un des penchants de l'esthétique tragique racinienne.

Que le sujet de *Bérénice* ait été parfaitement assimilable par l'esthétique racinienne ne doit pas masquer que Racine a délibérément joué la carte de la singularité. Il suffit de poursuivre la lecture de la préface, où il avoue que le sujet lui a plu parce qu'il y a vu la possibilité d'une gageure :

> Ce qui m'en plut davantage [dans mon sujet], c'est que je le trouvai extrêmement simple. Il y avait longtemps que je voulais essayer si je pourrais faire une tragédie avec cette simplicité d'action qui a été si fort du goût des anciens.

C'est peu de dire qu'il y a simplicité d'action. Malgré l'invocation à l'autorité des tragiques grecs, on serait en peine de trouver dans tout leur théâtre une œuvre dans laquelle la progression de l'action est aussi ténue que dans *Bérénice*. Titus et Bérénice s'aiment et se quittent. La décision en a été prise avant le commencement de la pièce ; cette décision a été causée par le seul événement qui affecte les personnages : la mort de Vespasien et l'accession de Titus au principat, et cet événement se situe dans le passé de la pièce (huit jours auparavant). Une modification définitive s'est produite dans les relations entre les deux héros : cette modification est entrevue par Bérénice au second acte, elle lui est notifiée par la bouche d'un tiers au troisième acte, elle lui est confirmée dans un climat de larmes et de déréliction au quatrième acte, elle est finalement acceptée dans un déchirement apaisé et mélancolique au dernier acte. En schématisant, on peut dire que l'action consiste pour Titus à tenter de se faire comprendre et pour Bérénice à refuser de comprendre.

On voit que la gageure n'est pas seulement dans le choix du sujet, mais aussi dans le *traitement* de ce sujet : à partir d'un sujet simple et paradoxal, une action apparemment immobile parce que entièrement fondée sur le discours (explications, malentendus, reproches, larmes) et sur les effets des paroles ; c'est-à-dire une action intériorisée.

Au-delà de cette gageure — et en faisant abstraction du fait que Racine s'attaquait à une histoire que Corneille était déjà lui-même en train de porter au théâtre[1] —, on est fondé à chercher d'autres motivations. On répète depuis trois siècles que Racine avait à l'esprit les amours anciennes de Louis XIV et de Marie Mancini. Dix ans plus tôt, la raison d'État avait obligé le jeune roi à laisser partir la nièce de Mazarin, dont il était passionnément épris, pour épouser l'Infante d'Espagne. On aime à rêver sur cette séparation racontée comme déchirante, et sur le triste destin de Marie Mancini, épouse malheureuse du connétable Colonna dont elle allait se résoudre en 1672 à fuir le palais romain pour se réfugier en France. On en rêve tant que, dès la fin du XVIIe siècle, on a voulu voir des allusions précises dans *Bérénice*, et Louis Racine, biographe tardif, et fort peu critique, de son père, les a données pour argent comptant. Mais les premiers rapprochements entre cette histoire et *Bérénice* datent seulement du début du XVIIIe siècle, puisque dans une lettre datée du 17 octobre 1709 la princesse Palatine, deuxième femme de Monsieur frère du roi (depuis 1671), au fait de tous les ragots de la cour, s'étonnait d'en entendre parler pour la pre-

---

1. Sur cette question de la rivalité entre les deux *Bérénice*, voir le dossier p. 104 et suiv.

mière fois : « J'ai souvent vu cette comédie [1], mais je ne
savais pas que le Roi et Madame Colonne en eussent
fourni le sujet, car elle n'a été faite que longtemps
après. » On venait de découvrir sans doute que des vers
importants de la tragédie paraissent reprendre des mots
attribués à Marie Mancini dans des textes parus au
milieu des années 1660 (voir le v. 1154 et les v. 1357-
1358), et l'on a imaginé le contraire de ce qui a dû se
produire. Car reprendre des mots célèbres qui convien-
nent à un sujet était une pratique courante au théâtre,
et ne signifie en aucun cas que le sujet lui-même était
inspiré par l'histoire authentique qui a donné naissance
à ces mots. De plus, on est en droit de penser que dix
ans après l'épisode, les amours nombreuses et tumul-
tueuses du jeune roi avaient fait oublier à tout le monde
cette première séparation, et qu'elle n'a conquis une
telle importance à partir de la fin du XVIIᵉ siècle que sous
l'effet de l'œuvre de Racine. Ce ne serait pas la première
fois qu'une œuvre littéraire aurait placé en pleine
lumière un fait historique qui aurait été sans cela passé
sous silence : l'événement créé par la littérature.

Cela noté, il n'en est pas moins vrai que cette tragédie
constitue une forme de dialogue avec le roi Louis XIV,
comme les autres tragédies de Racine, comme aussi
d'ailleurs les tragédies de Corneille. « L'œuvre de
Racine, écrit Jacques Morel dans la préface de son édition du *Théâtre complet*, constitue un long dialogue avec
Louis XIV. Elle lui donne à voir les grandeurs et les
faiblesses, les bonheurs et les échecs des hommes qui
sur terre sont les plus proches de Dieu. » De fait, même
dans l'histoire romaine le gouvernant suprême touche à
la divinité. S'il n'est pas le représentant de Dieu sur la
terre, il est du moins en instance de divinité, puisque,
après sa mort, il fera l'objet d'une apothéose. Et dans
Bérénice, c'est au moment même où le père défunt de

---

1. Rappelons qu'au XVIIᵉ siècle, le terme de comédie désigne aussi
bien un genre dramatique particulier qu'une pièce de théâtre en général, et même que le théâtre dans son ensemble (on disait « aller à la
comédie »).

Titus, Vespasien, a reçu l'apothéose, que le nouvel empereur se sent investi d'une nouvelle mission : touchant indirectement à la divinité, par l'esprit de son père dont il se sent désormais habité, Titus ne respire plus le même air que Bérénice. Et c'est peut-être pourquoi Bérénice a donné son nom à la pièce, plutôt que Titus, qu'on peut considérer comme le principal personnage. La véritable victime dans cette tragédie, c'est cette reine si humaine, qui ne respire pas le même air que les rois.

Reste la question du tragique. Dans le panorama du genre tragique de la France du XVIIe siècle, Racine n'a nullement tort d'affirmer que ce n'est point une nécessité qu'il y ait du sang et des morts dans une tragédie. Corneille avait montré la voie une génération plus tôt [1], nombre de tragédies romanesques et galantes des années 1655-1665 l'avaient confirmé. Mais si la question du tragique s'est posée à propos de *Bérénice*, c'est qu'il ne semble pas y avoir d'autre enjeu dans cette pièce que la souffrance d'une séparation amoureuse. C'est pourquoi dès le début de 1671, quelques semaines après la création de la pièce, l'auteur d'une *Critique de Bérénice*, l'abbé de Villars, auquel Racine répliquera sans le nommer dans sa préface, avait estimé que cette pièce n'était qu'« un tissu galant de madrigaux et d'élégies » et non une tragédie.

Ce reproche s'explique. En 1660, au moment où la vague de la tragédie galante atteignait son sommet, Corneille avait écrit dans son *Discours du poème dramatique* que « la dignité de la tragédie [...] veut donner à craindre des malheurs plus grands que la perte d'une maîtresse ». Une telle affirmation revenait à exclure par avance l'histoire de Titus et de Bérénice du champ de la tragédie. Mais Corneille ne voulait pas rejeter hors du champ théâtral ce type de sujet, car dès avant 1650 il avait inventé, pour une pièce intitulée *Don Sanche d'Aragon*,

—————

1. Voir en particulier *Cinna*, créée en 1642 et publiée l'année suivante.

une dénomination nouvelle qui lui paraissait corres-
pondre à un genre dramatique spécifique, inférieur à la
tragédie dont il n'avait pas la « dignité », mais au-dessus
de la simple comédie, la *comédie héroïque* : des rois et des
reines engagés dans une intrigue amoureuse dépourvue
de péril de mort ou de risque politique majeur. Cette
définition correspondant au sujet des amours de Titus
et de Bérénice, on comprend que, dix ans après l'avoir
proposée, Corneille n'ait pas pu se résoudre à intituler sa
propre *Bérénice* (publiée sous le titre de *Tite et Bérénice*)
autrement que *comédie héroïque*.

D'où la réponse de Racine dans sa préface, réponse
qui, au-delà de l'abbé de Villars, s'adressait à Corneille.
Il a l'habileté d'invoquer dès le commencement le précédent de la séparation de Didon et d'Énée qui fait l'essentiel du livre IV de l'*Énéide* de Virgile (l'œuvre la plus
admirée au XVIIᵉ siècle) : Didon n'était-elle pas allée jusqu'à se tuer après le départ d'Énée ? Il est vrai, ajoute-
t-il, qu'il n'a « point poussé Bérénice jusqu'à se tuer
comme Didon » : en fait, il n'avait pas le choix, car faire
mourir Bérénice, c'était détruire le sujet ; mais c'est
assurément le précédent tragique du suicide de Didon
qui lui a donné l'idée de conduire son héroïne, ainsi que
Titus et Antiochus, jusqu'au bord du suicide — ce que
Corneille, en concevant sa propre *Bérénice* comme une
« comédie héroïque », n'a pas songé à faire. Et c'est cette
tentation du suicide, avec l'expression de la souffrance
qui la justifie et le pathétique qui l'accompagne, qui a
autorisé Racine à ranger sans hésitation sa *Bérénice* dans
le genre de la tragédie.

Et pour achever d'enfoncer le clou face à ses contra-
dicteurs, il fait intervenir une notion nouvelle : la « tristesse majestueuse », qui fait, dit-il, « tout le plaisir de la
tragédie ». Cette notion est d'importance parce qu'elle
met effectivement l'accent sur ce qui distingue *Bérénice*
de toutes ces tragédies qui finissent bien, ou qui, du
moins, s'achèvent sur l'expression d'une certaine satisfaction de soi ou sur le rétablissement d'une harmonie.
D'où vient le tragique particulier à *Bérénice* ? de ce que

les héros se débattent désespérément contre un état de
fait qui les dépasse, et surtout de ce que leur situation à
la fin de la pièce paraît au spectateur aussi lamentable
que si la mort avait frappé. Peut-être d'ailleurs est-ce en
cela que réside la principale originalité de *Bérénice*, et
dans l'histoire de la tragédie française du XVIIᵉ siècle et
dans l'histoire même du genre tragique : dès qu'il apparaît que la décision de la séparation entre les amants est
irrévocable, on s'achemine vers un dénouement tragique. À la fin de la pièce, en effet, il n'y a plus de vie
véritable possible. Les trois héros, en refusant le suicide
qui avait été leur tentation première, se sont condamnés
à une solitude plus douloureuse que la mort : Titus à
l'abandon solitaire du pouvoir (« Gémissant dans ma
cour, et plus exilé qu'elle » v. 752), Bérénice et Antiochus à la solitude d'un exil séparé en Orient. Or dès le
premier acte, Antiochus avait défini pour lui seul le type
d'exil auquel les trois personnages se condamneront à la
fin :

> Adieu, je vais le cœur trop plein de votre image,
> Attendre en vous aimant la mort pour mon partage.
> Surtout ne craignez point qu'une aveugle douleur
> Remplisse l'univers du bruit de mon malheur,
> Madame, le seul bruit d'une mort que j'implore,
> Vous fera souvenir que je vivais encore.   (v. 279-284)

Surtout ne pas choisir de mourir ! Vivre seul et silencieux dans l'attente de la mort et dans le côtoiement
incessant de la douleur. Ce qui est une des plus belles
définitions de la véritable souffrance élégiaque. Le tragique du dénouement réside ainsi dans la nécessité de
continuer à vivre dans une séparation aussi cruelle que
la mort, c'est-à-dire dans un air désormais irrespirable.
C'est à la lettre un tragique élégiaque.

Ce tragique est aussi indissociable de la situation dramatique qui constitue le soubassement même de la
pièce : la séparation, à la fois forcée et de leur propre
volonté, de deux personnages qui s'aiment, le tout sous
les yeux d'un amoureux souffrant et résigné. D'une

situation dramatique potentiellement conflictuelle — Antiochus face à Bérénice et Bérénice face à Titus pourraient se comporter comme Oreste face à Hermione et Hermione face à Pyrrhus dans *Andromaque* —, Racine pouvait tirer des effets de violence passionnelle. Succédant à *Andromaque* et à *Britannicus*, précédant *Bajazet* et plus loin *Phèdre*, *Bérénice* pouvait développer l'une des structures thématiques majeures de tout son théâtre : l'affrontement entre un amour pur et persécuté et l'horreur de la passion véritablement infernale.

Loin de tout affrontement et de toute persécution, *Bérénice* présente, cas unique dans la production racinienne, la synthèse entre pureté et passion. Et pour une fois le tragique ne résulte pas de cette structure d'opposition, d'où la logique infernale sort toujours triomphante ; le tragique naît de ce que la passion ne veut s'accommoder d'aucune souillure à la pureté de l'amour ; de ce que le pouvoir lui-même, pour une fois du côté de la pureté, veut interdire la passion au lieu d'en être l'instrument contraignant et meurtrier.

On a dit, bien prosaïquement, que l'héroïne criaille, récrimine, défend ses droits amoureux pied à pied. C'est qu'elle se bat contre le paradoxe d'un amour parfait et sans espoir, qu'elle refuse de comprendre la légitimité du paradoxe, jusqu'à ce que la tentation de la mort affichée par Titus la convainque de la nécessité de la séparation, et que la tentation de la mort affichée par Antiochus lui apprenne l'exigence du renoncement. A-t-on suffisamment remarqué qu'elle s'abstient d'utiliser l'amour d'Antiochus pour tenter de faire plier Titus ? Quel autre auteur que Racine aurait pu ainsi s'abstenir de jouer, même discrètement, des possiblités de chantage, de jalousie, offertes par le schéma du trio amoureux ? D'autant qu'il est très probable que l'invention du personnage d'Antiochus provienne d'un schéma préalable dans lequel Racine avait prévu de lui faire jouer un rôle voisin de celui d'Oreste face à une Hermione amoureuse de Pyrrhus (*Andromaque*). S'il a renoncé à ce schéma (dont la trace persiste aux v. 649-

666), c'est que l'exacerbation de la passion qu'il prête à son héroïne conserve jusqu'à la fin les traits sous lesquels Titus avait décrit « tout ce qu'Amour a de nœuds plus puissants » :

Doux reproches, transports sans cesse renaissants,
Soin de plaire sans art, crainte toujours nouvelle.

(v. 542-543)

Ce parti pris de pureté est inséparable de cette « tristesse majestueuse » qui joue le rôle que l'on sait dans l'esthétique tragique de la pièce. Déchirement amoureux certes, mais, dans le cadre d'une exceptionnelle harmonie entre la passion et la pureté de l'amour, la violence s'efface devant la volonté de déréliction qui emporte les trois principaux personnages. Nous touchons là aux portes d'un monde bien particulier qui est celui de la mélancolie douce, et qui est unique dans l'œuvre de Racine. Non que la mélancolie soit absente de son théâtre ; mais Oreste, dans sa mélancolie profonde et maladive, qui le fait osciller entre les idées noires et les accès de fureur, est l'un des derniers représentants des grands « furieux » de l'âge baroque. Passant du mythe homérique à un mythe historique, Racine est passé de la fureur romanesque des héros grecs à la dignité historique des empereurs romains.

On conçoit la réserve du XIXᵉ siècle pour *Bérénice* : rien ne lui était plus étranger que cette mélancolie dominée qui s'exprime à la fin dans la déclaration résignée de Bérénice :

Je l'aime, je le fuis. Titus m'aime, il me quitte.   (v. 1500)

La mélancolie se mue ici en une sorte de cérémonie d'abandon, dans laquelle la cérémonie importe plus que l'abandon, le chant de la mélancolie plus que la mélancolie elle-même. C'est en cela, autant et plus peut-être que par son extrême simplicité et son apparente immobilité actantielle, que *Bérénice* s'affirme comme l'une des plus belles manifestations du classicisme français. À l'opposé d'un expressionnisme digne de la tragédie séné-

quienne du XVIᵉ siècle et du début du XVIIᵉ, qui aurait fait
de la séparation une plainte véhémente et déchirante,
soucieuse d'exhaler la douleur du martyre, ce théâtre ne
conçoit pas que le martyre, surtout quand il est comme
ici accepté, puisse se manifester sans ce goût et cette
délicatesse qui le rendent plus douloureux parce que
subtilement exprimé :

> Pour jamais ! Ah Seigneur ! songez-vous en vous-même
> Combien ce mot cruel est affreux quand on aime ?
> Dans un mois, dans un an, comment souffrirons-nous,
> Seigneur, que tant de mers me séparent de vous ?
> Que le jour recommence et que le jour finisse,
> Sans que jamais Titus puisse voir Bérénice,
> Sans que de tout le jour je puisse voir Titus ? (v. 1111-1117)

Une élégie ou une tragédie ? demandions-nous en
commençant. La réponse est donc double, et elle trans-
cende les deux termes de l'alternative : *Bérénice* est une
véritable tragédie élégiaque — l'une des plus belles après
Pyrame et Thisbé de Théophile de Viau (1623) et avant
Suréna de Corneille (1674) — et en même temps l'une
des expressions les plus absolues de la *tragédie classique
française*.

Georges FORESTIER.

Note sur la présente édition

Nous reproduisons le texte de *Bérénice* tel qu'il a été publié en 1697 dans la dernière édition des *Œuvres* de Racine publiée de son vivant. Les variantes des éditions antérieures (1670, 1676 et 1687) sont données dans les pages 139 à 141.

Dans la présentation, nous avons modernisé l'orthographe et normalisé l'emploi des lettres capitales. Mais nous avons strictement respecté la ponctuation d'origine, même si elle peut quelquefois dérouter le lecteur d'aujourd'hui. La ponctuation sert aujourd'hui à signaler les ruptures d'ordre syntaxique, ainsi que les relations d'ordre sémantique entre certaines propositions. Au XVIIe siècle, où les textes en vers étaient toujours lus à voix haute, elle servait avant tout à marquer le rythme des vers ou des périodes, c'est-à-dire à marquer les pauses dans le discours, en guidant la voix et le souffle. C'est pourquoi on peut voir dans *Bérénice* un point-virgule apparaître à l'intérieur d'une même phrase, introduisant une légère suspension vocale entre une série de propositions subordonnées et la proposition principale (voir par exemple v. 42, v. 220-222, ou encore v. 750). C'est pourquoi encore il arrive qu'une virgule sépare un groupe sujet du groupe verbal ou encore un ensemble sujet-verbe de la proposition complétive qui le suit (voir par exemple v. 40-41 ou 993-994). C'est pourquoi, enfin, les deux points marquent une suspension appuyée (plus longue que le point-virgule) et non point un rapport de causalité ou de conséquence, comme on le voit aux v. 416, 602 et 604.

Bérénice

Frontispice de l'édition de 1676.

À MONSEIGNEUR COLBERT [1]

Secrétaire d'État,
Contrôleur général des Finances,
Surintendant des Bâtiments,
Grand Trésorier des Ordres du Roi,
Marquis de Seignelay, etc.

MONSEIGNEUR,

Quelque juste défiance que j'aie de moi-même et de mes ouvrages, j'ose espérer que vous ne condamnerez pas la liberté que je prends de vous dédier cette tragédie. Vous ne l'avez pas jugée tout à fait indigne de votre approbation. Mais ce qui fait son plus grand mérite auprès de vous, c'est, MONSEIGNEUR, que vous avez été témoin du bonheur qu'elle a eu de ne pas déplaire à Sa Majesté [2].

L'on sait que les moindres choses vous deviennent considérables, pour peu qu'elles puissent servir ou à sa gloire ou à son plaisir. Et c'est ce qui fait qu'au milieu de tant d'importantes occupations, où le zèle de votre prince et le bien public vous tiennent continuellement attaché, vous ne dédaignez pas quelquefois de descendre

---

1. Cette épître par laquelle Racine dédie sa pièce à Colbert, ne figure que dans la première édition (1671). La rhétorique de l'éloge obéit en tous points aux critères de ce type de texte : Racine n'y fait preuve d'aucune originalité. **2.** Sur cette représentation donnée en présence de Louis XIV, voir le dossier p. 106.

jusqu'à nous, pour nous demander compte de notre loisir.

J'aurais ici une belle occasion de m'étendre sur vos louanges, si vous me permettiez de vous louer. Et que ne dirais-je point de tant de rares qualités qui vous ont attiré l'admiration de toute la France, de cette pénétration à laquelle rien n'échappe, de cet esprit vaste qui embrasse, qui exécute tout à la fois tant de grandes choses, de cette âme que rien n'étonne [1], que rien ne fatigue ?

Mais, Monseigneur, il faut être plus retenu à vous parler de vous-même et je craindrais de m'exposer, par un éloge importun, à vous faire repentir de l'attention favorable dont vous m'avez honoré. Il vaut mieux que je songe à la mériter par quelque nouvel ouvrage. Aussi bien c'est le plus agréable remerciement qu'on vous puisse faire. Je suis avec un profond respect,

    Monseigneur,

      Votre très humble et très obéissant serviteur,

                       Racine.

---

1. Étonner a le sens fort d'effrayer.

PRÉFACE

Titus reginam Berenicen, cui etiam nuptias pollicitus fere-
batur, statim ab Urbe dimisit invitus invitam[1].

C'est-à-dire que, « Titus, qui aimait passionnément
Bérénice, et qui même, à ce qu'on croyait, lui avait promis de l'épouser, la renvoya de Rome, malgré lui, et
malgré elle, dès les premiers jours de son empire ». Cette
action est très fameuse dans l'histoire, et je l'ai trouvée
très propre pour le théâtre, par la violence des passions
qu'elle y pouvait exciter. En effet, nous n'avons rien de
plus touchant dans tous les poètes, que la séparation
d'Énée et de Didon, dans Virgile. Et qui doute, que ce
qui a pu fournir assez de matière pour tout un chant
d'un poème héroïque, où l'action dure plusieurs jours[a],
ne puisse suffire pour le sujet d'une tragédie, dont la
durée ne doit être que de quelques heures[b] ? Il est vrai
que je n'ai point poussé Bérénice jusqu'à se tuer comme
Didon, parce que Bérénice n'ayant pas ici avec Titus les
derniers engagements que Didon avait avec Énée, elle
n'est pas obligée comme elle de renoncer à la vie. À cela
près, le dernier adieu qu'elle dit à Titus, et l'effort
qu'elle se fait pour s'en séparer, n'est pas le moins tragique de la pièce, et j'ose dire qu'il renouvelle assez bien
dans le cœur des spectateurs l'émotion que le reste y
avait pu exciter. Ce n'est point une nécessité qu'il y ait

---

1. Suétone, *Vies des douze Césars*, Titus, VII. « Titus, dont on disait
même qu'il avait promis le mariage à la reine Bérénice, la renvoya
aussitôt malgré lui, malgré elle. » Racine amalgame ici deux passages
assez distants l'un de l'autre, ce qui donne un sens très différent au
texte de Suétone (voir le dossier, p. 111).

du sang et des morts dans une tragédie ; il suffit que l'action en soit grande, que les acteurs en soient héroïques, que les passions y soient excitées, et que tout s'y ressente de cette tristesse majestueuse qui fait tout le plaisir de la tragédie.

Je crus que je pourrais rencontrer toutes ces parties dans mon sujet. Mais ce qui m'en plut davantage, c'est que je le trouvai extrêmement simple. Il y avait longtemps que je voulais essayer si je pourrais faire une tragédie avec cette simplicité d'action qui a été si fort du goût des anciens. Car c'est un des premiers préceptes qu'ils nous ont laissés. « Que ce que vous ferez, dit Horace, soit toujours simple, et ne soit qu'un [1]. » Ils ont admiré l'*Ajax* de Sophocle, qui n'est autre chose qu'Ajax qui se tue de regret, à cause de la fureur où il était tombé après le refus qu'on lui avait fait des armes d'Achille[a]. Ils ont admiré le *Philoctète*, dont tout le sujet est Ulysse, qui vient pour surprendre les flèches d'Hercule. L'*Œdipe* [2] même, quoique tout plein de reconnaissances [3], est moins chargé de matière, que la plus simple tragédie de nos jours. Nous voyons enfin que les partisans de Térence, qui l'élèvent avec raison au-dessus de tous les poètes comiques, pour l'élégance de sa diction, et pour la vraisemblance de ses mœurs, ne laissent pas de confesser que Plaute [4] a un grand avantage sur lui par la simplicité qui est dans la plupart des sujets de Plaute. Et c'est sans doute cette simplicité merveilleuse qui a attiré à ce dernier toutes les louanges que les anciens lui ont données. Combien

---

1. Horace, *Épître aux Pisons* (Art poétique), v. 23.   2. Comme *Ajax*, *Philoctète* et *Œdipe-Roi* sont des tragédies de Sophocle. Cette dernière était considérée par Aristote dans sa *Poétique* comme le modèle de la tragédie.   3. Les *reconnaissances* sont une technique dramatique qui consiste à acheminer l'intrigue vers son dénouement au moyen de découvertes ou révélations successives de faits passés ou, plus souvent, d'identités ignorées. Œdipe apprend ainsi coup sur coup qu'il avait lui-même tué vingt ans plus tôt le roi de Thèbes sans le savoir, et que lui-même, loin d'être celui qu'il croyait, était le fils de ce roi — et en même temps le fils de la reine veuve qu'il a épousée. 4. Térence (190-159 av. J.-C.) et Plaute (251-184 av. J.-C.) sont les deux grands auteurs comiques latins.

Ménandre[1] était-il encore plus simple, puisque Térence est obligé de prendre deux comédies de ce poète, pour en faire une des siennes ?

Et il ne faut point croire que cette règle ne soit fondée que sur la fantaisie de ceux qui l'ont faite. Il n'y a que le vraisemblable qui touche dans la tragédie. Et quelle vraisemblance y a-t-il qu'il arrive en un jour une multitude de choses qui pourraient à peine arriver en plusieurs semaines ? Il y en a qui pensent que cette simplicité est une marque de peu d'invention. Ils ne songent pas qu'au contraire toute l'invention consiste à faire quelque chose de rien, et que tout ce grand nombre d'incidents a toujours été le refuge des poètes qui ne sentaient dans leur génie ni assez d'abondance ni assez de force pour attacher durant cinq actes leurs spectateurs par une action simple, soutenue de la violence des passions, de la beauté des sentiments, et de l'élégance de l'expression[2]. Je suis bien éloigné de croire que toutes ces choses se rencontrent dans mon ouvrage. Mais aussi je ne puis croire que le public me sache mauvais gré de lui avoir donné une tragédie qui a été honorée de tant de larmes, et dont la trentième représentation a été aussi suivie que la première[3].

Ce n'est pas que quelques personnes ne m'aient

---

1. Auteur comique grec du IVe siècle (av. J.-C.). Au XVIIe siècle, on ne connaissait de son œuvre que des fragments (trois pièces complètes aujourd'hui). Il est la source, à travers les latins, de toute la comédie moderne, du XVIe au XVIIIe siècle. C'est dans le Prologue d'une de ses comédies intitulées l'*Andrienne* que Térence avoue qu'il a composé une seule intrigue à partir de deux pièces de Ménandre, la *Périnthienne* et l'*Andrienne*.   **2.** Il ne faut pas voir ici une allusion malveillante à Corneille, qui n'aurait pas désavoué les termes de Racine, et surtout qui venait lui-même d'écrire une *Bérénice*, faisant ainsi lui aussi « quelque chose de rien ». Celui auquel Racine s'adresse, en fait, et depuis le début de ce passage, est l'auteur du « Libelle » auquel il prétendra, deux paragraphes plus bas, ne pas daigner répliquer.   **3.** À cette époque, trente représentations consécutives (au rythme de trois par semaine) correspondent à un chiffre considérable, surtout si les chambrées restent pleines. Racine souligne le succès éclatant de sa pièce. À titre de comparaison, la *Bérénice* concurrente de Corneille n'a eu que vingt-trois représentations, les dernières infiniment moins suivies que la première.

reproché cette même simplicité que j'avais recherchée
avec tant de soin. Ils ont cru qu'une tragédie qui était si
peu chargée d'intrigues ne pouvait être selon les règles
du théâtre. Je m'informai s'ils se plaignaient qu'elle les
eût ennuyés. On me dit qu'ils avouaient tous qu'elle
n'ennuyait point, qu'elle les touchait même en plusieurs
endroits, et qu'ils la verraient encore avec plaisir. Que
veulent-ils davantage ? Je les conjure d'avoir assez bonne
opinion d'eux-mêmes pour ne pas croire qu'une pièce
qui les touche, et qui leur donne du plaisir, puisse être
absolument contre les règles. La principale règle est de
plaire et de toucher [1]. Toutes les autres ne sont faites
que pour parvenir à cette première. Mais toutes ces
règles sont d'un long détail, dont je ne leur conseille pas
de s'embarrasser. Ils ont des occupations plus importantes. Qu'ils se reposent sur nous de la fatigue d'éclair-
cir les difficultés de la *Poétique* d'Aristote. Qu'ils se
réservent le plaisir de pleurer et d'être attendris ; et
qu'ils me permettent de leur dire ce qu'un musicien
disait à Philippe, roi de Macédoine, qui prétendait
qu'une chanson n'était pas selon les règles. « À Dieu
ne plaise, Seigneur, que vous soyez jamais si malheureux
que de savoir ces choses-là mieux que moi [2]. »

Voilà tout ce que j'ai à dire à ces personnes, à qui je
ferai toujours gloire de plaire. Car pour le libelle [3] que
l'on a fait contre moi, je crois que les lecteurs me dispen-
seront volontiers d'y répondre. Et que répondrais-je à
un homme qui ne pense rien, et qui ne sait pas même
construire ce qu'il pense ? Il parle de protase [4] comme

---

1. Cf. Molière qui faisait dire à son porte-parole dans *La Critique
de l'École des femmes* (1663) : « Je voudrais bien savoir si la grande
règle de toutes les règles n'est pas de plaire. »   2. Cette anecdote est
rapportée par Plutarque dans l'un de ses traités de morale, *Comment
on pourra discerner le flatteur d'avec l'ami.*   3. Ce libelle est *La Critique de Bérénice* de l'abbé Nicolas Montfaucon de Villars (1671).
4. Une tragédie comprend les quatre parties suivantes : *protase* (exposition), *épitase* (nœud), *catastase* (péripétie), *catastrophe* (dénouement).
Comme tout ce qui touche à la théorie littéraire, cette nomenclature
savante est héritée des Grecs, mais elle n'était plus alors utilisée que
par les pédants.

s'il entendait ce mot, et veut que cette première des
quatre parties de la tragédie soit toujours la plus proche[a]
de la dernière, qui est la catastrophe. Il se plaint que
la trop grande connaissance des règles l'empêche de se
divertir à la comédie. Certainement si l'on en juge par
sa dissertation, il n'y eut jamais de plainte plus mal fondée. Il paraît bien qu'il n'a jamais lu Sophocle, qu'il loue
très injustement d'*une grande multiplicité d'incidents* ; et
qu'il n'a même jamais rien lu de la *Poétique*, que dans
quelques préfaces de tragédies. Mais je lui pardonne de
ne pas savoir les règles du théâtre, puisque heureuse-
ment pour le public, il ne s'applique pas à ce genre
d'écrire. Ce que je ne lui pardonne pas, c'est de savoir
si peu les règles de la bonne plaisanterie, lui qui ne veut
pas dire un mot sans plaisanter. Croit-il réjouir beaucoup les honnêtes gens par ces *hélas de poche*[1], ces
mesdemoiselles mes règles[2], et quantité d'autres basses
affectations qu'il trouvera condamnées dans tous les
bons auteurs, s'il se mêle jamais de lire[3] ?

Toutes ces critiques sont le partage de quatre ou cinq
petits auteurs infortunés, qui n'ont jamais pu par eux-
mêmes exciter la curiosité du public. Ils attendent toujours l'occasion de quelque ouvrage qui réussisse, pour
l'attaquer. Non point par jalousie. Car sur quel fonde-
ment seraient-ils jaloux ? Mais dans l'espérance qu'on se
donnera la peine de leur répondre, et qu'on les tirera de
l'obscurité où leurs propres ouvrages les auraient laissés
toute leur vie.

---

1. L'abbé de Villars décrit Antiochus comme un homme « qui a
toujours un *Toutefois*, et un *Hélas !* de poche pour amuser le théâtre ».
2. Villars écrivait au début de son libelle : « le second jour [...] : j'ai
laissé Mesdemoiselles les Règles à la porte [du Théâtre] ».   3. Racine écrit bien ici « de lire », et non pas « de *les* lire », ce qui augmente
la violence de son attaque contre Villars.

Bérénice

Tragédie

Acteurs

TITUS, *empereur de Rome*
BÉRÉNICE, *reine de Palestine*[1]
ANTIOCHUS, *roi de Comagène*[2]
PAULIN, *confident de Titus*
ARSACE, *confident d'Antiochus*
PHÉNICE, *confidente de Bérénice*
RUTILE, *Romain*
SUITE DE TITUS

La scène est à Rome, dans un cabinet[3] *qui est entre l'appartement de Titus et celui de Bérénice.*

---

1. Historiquement, Bérénice n'était la reine d'aucun royaume : elle était appelée *reine* parce que son père et son frère (tous deux appelés Agrippa) régnèrent sur la Judée, et qu'elle avait épousé successivement deux rois, son oncle Hérode et, après la mort de celui-ci, Polémon, roi de Cilicie, dont elle s'était séparée.   **2.** La Comagène (ou Commagène) était située au nord-est de la Syrie, près de l'Euphrate. Mais Antiochus n'était plus roi en exercice, parce que le père de Titus, Vespasien, s'était emparé de ce territoire.   **3.** « Un appartement royal consiste en salle, antichambre, chambre et cabinet » (*Dictionnaire de Furetière*). Le cabinet est la partie la plus retirée d'une demeure, celle où l'on ne reçoit pas.

ACTE I

Scène première
ANTIOCHUS, ARSACE

ANTIOCHUS
Arrêtons un moment. La pompe de ces lieux,
Je le vois bien, Arsace, est nouvelle à tes yeux.
Souvent ce cabinet superbe et solitaire,
Des secrets de Titus est le dépositaire.
C'est ici quelquefois qu'il se cache à sa cour,
Lorsqu'il vient à la reine expliquer son amour.
De son appartement cette porte est prochaine,
Et cette autre conduit dans celui de la reine.
Va chez elle. Dis-lui qu'importun à regret,
10 J'ose lui demander un entretien secret.

ARSACE
Vous, Seigneur, importun ? Vous cet ami fidèle,
Qu'un soin si généreux intéresse pour elle ?
Vous, cet Antiochus, son amant autrefois ;
Vous, que l'Orient compte entre ses plus grands rois ?
Quoi ! déjà de Titus épouse[a] en espérance,
Ce rang[1] entre elle et vous met-il tant de distance[2] ?

ANTIOCHUS
Va, dis-je ; et sans vouloir te charger d'autres soins,
Vois si je puis bientôt lui parler sans témoins.

---

1. Ce rang d'épouse de Titus, c'est-à-dire d'impératrice romaine.
2. Noter la concision avec laquelle Racine, en six vers, nous apprend
l'essentiel des données de l'action.

Scène 2

ANTIOCHUS, *seul*

Hé bien, Antiochus, es-tu toujours le même ?
20 Pourrai-je sans trembler lui dire : Je vous aime ?
Mais quoi ! déjà je tremble, et mon cœur agité
Craint autant ce moment que je l'ai souhaité.
Bérénice autrefois m'ôta toute espérance.
Elle m'imposa même un éternel silence.
Je me suis tu cinq ans. Et jusques à ce jour
D'un voile d'amitié j'ai couvert mon amour.
Dois-je croire qu'au rang, où Titus la destine,
Elle m'écoute mieux que dans la Palestine ?
Il l'épouse. Ai-je donc attendu ce moment
30 Pour me venir encor déclarer son amant ?
Quel fruit me reviendra d'un aveu téméraire ?
Ah ! puisqu'il faut partir, partons sans lui déplaire[a].
Retirons-nous, sortons, et sans nous découvrir,
Allons loin de ses yeux l'oublier, ou mourir.
Hé quoi ! souffrir toujours un tourment qu'elle ignore ?
Toujours verser des pleurs qu'il faut que je dévore ?
Quoi ? même en la perdant redouter son courroux ?
Belle reine, et pourquoi vous offenseriez-vous ?
Viens-je vous demander que vous quittiez l'empire ?
40 Que vous m'aimiez ? Hélas ! je ne viens que vous dire,
Qu'après m'être longtemps flatté que mon rival
Trouverait à ses vœux quelque obstacle fatal ;
Aujourd'hui qu'il peut tout, que votre hymen s'avance,
Exemple infortuné d'une longue constance,
Après cinq ans d'amour, et d'espoir superflus,
Je pars, fidèle encor quand je n'espère plus.
Au lieu de s'offenser[b], elle pourra me plaindre.
Quoi qu'il en soit, parlons, c'est assez nous contraindre.
Et que peut craindre, hélas ! un amant sans espoir
50 Qui peut bien se résoudre à ne la jamais voir ?

Scène 3

ANTIOCHUS, ARSACE

ANTIOCHUS

Arsace, entrerons-nous[a] ?

ARSACE

                    Seigneur, j'ai vu la reine.

Mais pour me faire voir, je n'ai percé qu'à peine [1]

Les flots toujours nouveaux d'un peuple adorateur

Qu'attire sur ses pas sa prochaine grandeur.

Titus après huit jours d'une retraite austère

Cesse enfin de pleurer Vespasien son père.

Cet amant se redonne aux soins de son amour.

Et si j'en crois, Seigneur, l'entretien de la cour,

Peut-être avant la nuit l'heureuse Bérénice

60   Change le nom de reine au nom [2] d'impératrice.

ANTIOCHUS

Hélas !

ARSACE

        Quoi ! ce discours pourrait-il vous troubler ?

ANTIOCHUS

Ainsi donc sans témoins je ne lui puis parler ?

ARSACE

Vous la verrez, Seigneur. Bérénice est instruite

Que vous voulez ici la voir seule, et sans suite.

La reine d'un regard a daigné m'avertir

Qu'à votre empressement elle allait consentir.

Et sans doute elle attend le moment favorable

Pour disparaître[b] aux yeux d'une cour qui l'accable.

---

1. Avec peine.   2. Comprendre : pour le nom.

ANTIOCHUS

Il suffit. Cependant n'as-tu rien négligé
70   Des ordres importants dont je t'avais chargé ?

ARSACE

Seigneur, vous connaissez ma prompte obéissance.
Des vaisseaux dans Ostie[1] armés en diligence[2],
Prêts à quitter le port de moments en moments,
N'attendent pour partir que vos commandements.
Mais qui renvoyez-vous dans votre Comagène ?

ANTIOCHUS

Arsace, il faut partir quand j'aurai vu la reine.

ARSACE

Qui doit partir ?

ANTIOCHUS
                         Moi.

ARSACE
                  Vous ?

ANTIOCHUS
                                    En sortant du palais,
Je sors de Rome, Arsace, et j'en sors pour jamais.

ARSACE

Je suis surpris sans doute, et c'est avec justice.
80   Quoi ! depuis si longtemps la reine Bérénice
Vous arrache, Seigneur, du sein de vos États,
Depuis trois ans dans Rome elle arrête vos pas ;
Et lorsque cette reine assurant sa conquête
Vous attend pour témoin de cette illustre fête,
Quand l'amoureux Titus, devenant son époux,
Lui prépare un éclat qui rejaillit sur vous...

----

1. Ostie, à l'embouchure du Tibre, était le port maritime de Rome,
dont elle est séparée par 25 km.   2. Avec hâte, rapidement.

ANTIOCHUS

Arsace, laisse-la jouir de sa fortune,
Et quitte un entretien dont le cours m'importune.

ARSACE

Je vous entends, Seigneur. Ces mêmes dignités
90 Ont rendu Bérénice ingrate à vos bontés.
L'inimitié succède à l'amitié trahie.

ANTIOCHUS

Non, Arsace, jamais je ne l'ai moins haïe.

ARSACE

Quoi donc ! de sa grandeur déjà trop prévenu[1],
Le nouvel empereur vous a-t-il méconnu ?
Quelque pressentiment de son indifférence
Vous fait-il loin de Rome éviter sa présence ?

ANTIOCHUS

Titus n'a point pour moi paru se démentir,
J'aurais tort de me plaindre.

ARSACE

                              Et pourquoi donc partir ?
Quel caprice vous rend ennemi de vous-même ?
100 Le ciel met sur le trône un prince qui vous aime,
Un prince qui jadis témoin de vos combats
Vous vit chercher la gloire et la mort sur ses pas,
Et de qui la valeur par vos soins secondée
Mit enfin sous le joug la rebelle Judée.
Il se souvient du jour illustre et douloureux
Qui décida du sort d'un long siège douteux[2] :
Sur leur triple rempart les ennemis tranquilles
Contemplaient sans péril nos assauts inutiles,
Le bélier impuissant les menaçait en vain.
110 Vous seul, Seigneur, vous seul, une échelle à la main,
Vous portâtes la mort jusque sur leurs murailles.

_____

1. Trop préoccupé.   2. Dont l'issue était incertaine.

Ce jour presque éclaira vos propres funérailles,
Titus vous embrassa mourant entre mes bras,
Et tout le camp vainqueur pleura votre trépas[1].
Voici le temps, Seigneur, où vous devez attendre
Le fruit de tant de sang qu'ils vous ont vu répandre.
Si pressé du désir de revoir vos États
Vous vous lassez de vivre, où vous ne régnez pas ;
Faut-il que sans honneur l'Euphrate vous revoie ?
120 Attendez pour partir que César[2] vous renvoie
Triomphant, et chargé des titres souverains
Qu'ajoute encore aux rois l'amitié des Romains.
Rien ne peut-il, Seigneur, changer votre entreprise ?
Vous ne répondez point.

ANTIOCHUS

Que veux-tu que je dise ?
J'attends de Bérénice un moment d'entretien.

ARSACE

Hé bien, Seigneur ?

ANTIOCHUS

Son sort décidera du mien.

ARSACE

Comment ?

ANTIOCHUS

Sur son hymen j'attends qu'elle s'explique.
Si sa bouche s'accorde avec la voix publique,
S'il est vrai qu'on l'élève au trône des Césars,

---

1. Héroïsation du personnage : il doit être hissé à la hauteur du
héros mythique qu'est Titus, qui a vaincu les Juifs (révoltés depuis
l'an 66) et détruit Jérusalem. En fait, lors du siège de la ville, son
comportement ne fut pas aussi admirable qu'on nous le dit ici. Selon
l'historien juif Flavius Josèphe (*Guerre de Judée*, V, 29), c'est contre
l'avis de Titus qu'il aurait donné l'assaut, et son attaque inconsidérée
aurait même mis en péril toute l'armée assiégeante. 2. César, c'est-
à-dire Titus : tous les successeurs de Jules César portaient le surnom
de César (voir plus bas le v. 129)

130 Si Titus a parlé, s'il l'épouse, je pars.

ARSACE

Mais qui[1] rend à vos yeux cet hymen si funeste ?

ANTIOCHUS

Quand nous serons partis, je te dirai le reste.

ARSACE

Dans quel trouble, Seigneur, jetez-vous mon esprit !

ANTIOCHUS

La reine vient. Adieu, fais tout ce que j'ai dit.

Scène 4

BÉRÉNICE, ANTIOCHUS, PHÉNICE

BÉRÉNICE

Enfin je me dérobe à la joie importune
De tant d'amis nouveaux, que me fait la fortune ;
Je fuis de leurs respects l'inutile longueur,
Pour chercher un ami, qui me parle du cœur.
Il ne faut point mentir, ma juste impatience
140 Vous accusait déjà de quelque négligence.
Quoi ! cet Antiochus, disais-je, dont les soins
Ont eu tout l'Orient et Rome pour témoins,
Lui que j'ai vu toujours constant dans mes traverses[2]
Suivre d'un pas égal mes fortunes diverses ;
Aujourd'hui que le ciel semble[a] me présager
Un honneur, qu'avec vous[b] je prétends partager,
Ce même Antiochus se cachant à ma vue,
Me laisse à la merci d'une foule inconnue ?

---

1. Qu'est-ce qui.   2. Obstacles, empêchements ; de là soucis, et
même afflictions.

ANTIOCHUS

Il est donc vrai, Madame ? Et selon ce discours
150 L'hymen va succéder à vos longues amours ?

BÉRÉNICE

Seigneur, je vous veux bien confier mes alarmes.
Ces jours ont vu mes yeux baignés de quelques larmes.
Ce long deuil que Titus imposait à sa cour,
Avait même en secret suspendu son amour.
Il n'avait plus pour moi cette ardeur assidue
Lorsqu'il passait les jours, attaché sur ma vue.
Muet, chargé de soins, et les larmes aux yeux,
Il ne me laissait plus que de tristes adieux[1].
Jugez de ma douleur, moi dont l'ardeur extrême,
160 Je vous l'ai dit cent fois, n'aime en lui que lui-même,
Moi, qui loin des grandeurs, dont il est revêtu,
Aurais choisi son cœur, et cherché sa vertu.

ANTIOCHUS

Il a repris pour vous[a] sa tendresse première ?

BÉRÉNICE

Vous fûtes spectateur de cette nuit dernière,
Lorsque, pour seconder ses soins religieux,
Le sénat a placé son père entre les dieux[2].
De ce juste devoir sa piété contente
A fait place, Seigneur, au soin de son amante.
Et même en ce moment, sans qu'il m'en ait parlé
170 Il est dans le sénat par son ordre assemblé.
Là, de la Palestine il étend la frontière,
Il y joint l'Arabie, et la Syrie entière.
Et si de ses amis j'en dois croire la voix,
Si j'en crois ses serments redoublés mille fois,
Il va sur tant d'États couronner Bérénice,
Pour joindre à plus de noms le nom d'impératrice.

---

1. On voit que la séparation est en germe depuis le début du deuil.
Mais Bérénice (pas plus que le spectateur) ne peut interpréter correc-
tement le sens des « tristes adieux » de Titus. 2. Cérémonie de
l'apothéose : après leur mort, les empereurs étaient divinisés.

Il m'en viendra lui-même assurer en ce lieu.

ANTIOCHUS

Et je viens donc vous dire un éternel adieu.

BÉRÉNICE

Que dites-vous ? Ah ciel ! quel adieu ? quel langage ?
180 Prince, vous vous troublez, et changez de visage ?

ANTIOCHUS

Madame, il faut partir.

BÉRÉNICE

     Quoi ? ne puis-je savoir

Quel sujet...

ANTIOCHUS

    Il fallait partir sans la revoir [1].

BÉRÉNICE

Que craignez-vous ? parlez[a], c'est trop longtemps se
              [taire.
Seigneur, de ce départ quel est donc le mystère ?

ANTIOCHUS

Au moins souvenez-vous que je cède à vos lois,
Et que vous m'écoutez pour la dernière fois.
 Si dans ce haut degré de gloire et de puissance,
Il vous souvient des lieux où vous prîtes naissance,
Madame, il vous souvient que mon cœur en ces lieux
190 Reçut le premier trait [2] qui partit de vos yeux.

---

1. Faux aparté : Antiochus se parle à lui-même devant Bérénice
sans chercher absolument à ne pas se faire entendre ; dans son désarroi, il s'adresse à lui-même, à elle, à un tiers imaginaire. 2. Méta-
phore du langage amoureux : les yeux lancent des flèches, parce que
le dieu Amour était représenté comme un petit archer perçant les
cœurs de ses traits.

J'aimai, j'obtins l'aveu [1] d'Agrippa votre frère.
Il vous parla pour moi. Peut-être sans colère
Alliez-vous de mon cœur recevoir le tribut,
Titus, pour mon malheur, vint, vous vit, et vous plut [2],
Il parut devant vous dans tout l'éclat d'un homme
Qui porte entre ses mains la vengeance de Rome.
La Judée en pâlit. Le triste [3] Antiochus
Se compta le premier au nombre des vaincus [4].
Bientôt de mon malheur interprète sévère,
200 Votre bouche à la mienne ordonna de se taire.
Je disputai longtemps, je fis parler mes yeux.
Mes pleurs et mes soupirs vous suivaient en tous lieux.
Enfin votre rigueur emporta la balance,
Vous sûtes m'imposer l'exil ou le silence :
Il fallut le promettre, et même le jurer.
Mais, puisqu'en ce moment[a] j'ose me déclarer,
Lorsque vous m'arrachiez cette injuste promesse,
Mon cœur faisait serment de vous aimer sans cesse.

BÉRÉNICE

Ah ! que me dites-vous ?

ANTIOCHUS

                    Je me suis tu cinq ans,
210 Madame, et vais encor me taire plus longtemps.
          De mon heureux rival j'accompagnai les armes.
J'espérai de[b] verser mon sang après mes larmes,
Où qu'au moins jusqu'à vous porté par mille exploits,
Mon nom pourrait parler, au défaut de ma voix.
Le ciel sembla promettre une fin à ma peine.
Vous pleurâtes ma mort, hélas ! trop peu certaine.

---

1. Le consentement. Agrippa II, dit Hérode-Agrippa, était roi de
Chalcis. Durant la guerre de Judée (66-70), il combattit aux côtés des
Romains contre les Juifs, comme Antiochus.   2. Victoire amoureuse de Titus stylistiquement calquée sur la rapide victoire de César
immortalisée par son mot : « *Veni, vidi, vici* » (je suis venu, j'ai vu, j'ai
vaincu). C'est ici le thème, convenu dans la littérature de fiction de
l'époque, de l'immédiateté de l'amour.   3. *Triste* a presque toujours
le sens fort de sombre, affligé (ou pour les choses : funeste, sinistre).
4. Voir la note 2 p. 38.

Inutiles périls ! Quelle était mon erreur !
La valeur de Titus surpassait ma fureur.
Il faut qu'à sa vertu mon estime réponde.
220 Quoique attendu, Madame, à l'empire du monde,
Chéri de l'univers, enfin aimé de vous ;
Il semblait à lui seul appeler tous les coups,
Tandis que sans espoir, haï, lassé de vivre,
Son malheureux rival ne semblait que le suivre.
    Je vois que votre cœur m'applaudit en secret,
Je vois que l'on m'écoute avec moins de regret,
Et que trop attentive à ce récit funeste,
En faveur de Titus vous pardonnez le reste.
    Enfin après un siège aussi cruel que lent,
230 Il dompta les mutins, reste pâle et sanglant
Des flammes, de la faim, des fureurs intestines[1],
Et laissa leurs remparts cachés sous leurs ruines.
Rome vous vit, Madame, arriver avec lui.   lissare
Dans l'Orient désert quel devint mon ennui[2] !
Je demeurai longtemps errant dans Césarée[3],
Lieux charmants où mon cœur vous avait adorée.
Je vous redemandais à vos tristes États[4],
Je cherchais en pleurant les traces de vos pas.
Mais enfin succombant à ma mélancolie,
240 Mon désespoir tourna mes pas vers l'Italie.
Le sort m'y réservait le dernier de ses coups.
Titus en m'embrassant m'amena devant vous.
Un voile d'amitié vous trompa l'un et l'autre ;
Et mon amour devint le confident du vôtre.
Mais toujours quelque espoir flattait mes déplaisirs[5],
Rome, Vespasien, traversaient[6] vos soupirs.
Après tant de combats Titus cédait peut-être.
    obstruts.

---

1. Violences internes (entre les assiégés).   **2.** Précisons, pour la
bonne compréhension de ce vers célèbre, que *désert* signifie *quitté*
(« l'Orient que vous aviez quitté ») et qu'*ennui* signifie *souffrance*.
3. Ville de Palestine située sur la Méditerranée. Capitale du Procurateur
romain. Détruite par les musulmans au XIIIe siècle.   **4.** Il faut
comprendre *Je vous redemandais tristement à vos États* (figure de style
appelée hypallage).   **5.** Souffrances.   **6.** Traverser : faire obstacle à.

Vespasien est mort, et Titus est le maître.
Que ne fuyais-je alors ! J'ai voulu quelques jours
250 De son nouvel empire examiner le cours.
Mon sort est accompli. Votre gloire s'apprête,
Assez d'autres sans moi, témoins de cette fête,
À vos heureux transports viendront joindre les leurs.
Pour moi, qui ne pourrais y mêler que des pleurs,
D'un inutile amour trop constante victime,
Heureux dans mes malheurs, d'en avoir pu sans crime
Conter toute l'histoire aux yeux qui les ont faits,
Je pars plus amoureux que je ne fus jamais.

BÉRÉNICE

Seigneur, je n'ai pas cru[1] que, dans une journée
260 Qui doit avec César unir ma destinée,
Il fût quelque mortel qui pût impunément
Se venir à mes yeux déclarer mon amant.
Mais de mon amitié mon silence est un gage,
J'oublie en sa faveur un discours qui m'outrage.
Je n'en ai point troublé le cours injurieux.
Je fais plus : À regret je reçois vos adieux.
Le ciel sait qu'au milieu des honneurs qu'il m'envoie,
Je n'attendais que vous pour témoin de ma joie.
Avec tout l'univers j'honorais vos vertus ;
270 Titus vous chérissait, vous admiriez Titus[2].
Cent fois je me suis fait une douceur extrême
D'entretenir Titus dans un autre lui-même.

ANTIOCHUS

Et c'est ce que je fuis. J'évite, mais trop tard,
Ces cruels entretiens où je n'ai point de part.
Je fuis Titus. Je fuis ce nom qui m'inquiète[3],
Ce nom qu'à tous moments votre bouche répète.
Que vous dirai-je enfin ? Je fuis des yeux distraits

---

1. Je n'aurais pas cru. 2. Pour la rime, *vertus* au vers précédent
devrait être prononcé comme *Titus* (et non l'inverse : les consonnes
finales étaient systématiquement prononcées en fin de vers, ainsi que
devant toute pause importante). 3. Inquiéter : tourmenter.

so sad

Qui me voyant toujours ne me voyaient jamais.
Adieu, je vais le cœur trop plein de votre image,
280 Attendre en vous aimant la mort pour mon partage.
Surtout ne craignez point qu'une aveugle douleur
Remplisse l'univers du bruit de mon malheur,
Madame, le seul bruit d'une mort que j'implore,
Vous fera souvenir que je vivais encore.
Adieu.

Scène 5

BÉRÉNICE, PHÉNICE

PHÉNICE

Que je le plains ! Tant de fidélité,
Madame, méritait plus de prospérité.
Ne le plaignez-vous pas ?

BÉRÉNICE

Cette prompte retraite
Me laisse, je l'avoue, une douleur secrète.

PHÉNICE

Je l'aurais retenu.

BÉRÉNICE

Qui moi ? le retenir ?
290 J'en dois perdre plutôt jusques au souvenir.
Tu veux donc que je flatte une ardeur insensée ?

PHENICE

Titus n'a point encore expliqué sa pensée.
Rome vous voit, Madame, avec des yeux jaloux,
La rigueur de ses lois m'épouvante pour vous.
L'hymen chez les Romains n'admet qu'une Romaine.
Rome hait tous les rois, et Bérénice est reine.

interestbuy immigrove ?

BÉRÉNICE

Le temps n'est plus, Phénice, où je pouvais trembler.
Titus m'aime, il peut tout, il n'a plus qu'à parler.
Il verra le sénat m'apporter ses hommages,
300 Et le peuple de fleurs couronner ses images[a].
     De cette nuit, Phénice, as-tu vu la splendeur[1] ?
Tes yeux ne sont-ils pas tout pleins de sa grandeur ?
Ces flambeaux, ce bûcher, cette nuit enflammée,
Ces aigles, ces faisceaux, ce peuple, cette armée,
Cette foule de rois, ces consuls, ce sénat,
Qui tous de mon amant empruntaient leur éclat ;
Cette pourpre, cet or que rehaussait sa gloire,
Et ces lauriers encor témoins de sa victoire.
Tous ces yeux, qu'on voyait venir de toutes parts
310 Confondre sur lui seul leurs avides regards ;
Ce port majestueux, cette douce présence.
Ciel[b] ! avec quel respect et quelle complaisance,
Tous les cœurs en secret l'assuraient de leur foi !
Parle. Peut-on le voir sans penser comme moi,
Qu'en quelque obscurité que le sort l'eût fait naître,
Le monde, en le voyant eût reconnu son maître ?
Mais, Phénice, où m'emporte un souvenir charmant ?
     Cependant Rome entière, en ce même moment,
Fait des vœux pour Titus, et par des sacrifices
320 De son règne naissant célèbre[c] les prémices[2].
Que tardons-nous ? Allons, pour son empire heureux
Au ciel qui le protège offrir aussi nos vœux[d].
Aussitôt sans l'attendre, et sans être attendue,
Je reviens le chercher, et dans cette entrevue
Dire tout ce qu'aux cœurs l'un de l'autre contents
Inspirent des transports retenus si longtemps.

---

1. Cette *nuit splendide* est celle de l'apothéose de l'empereur Vespasien ; elle est *enflammée* (v. 303) parce que le corps de Vespasien a été
placé sur un *bûcher* qui a été allumé par un *flambeau* tenu par Titus.
À partir des indications des historiens latins sur la cérémonie de l'apothéose, Racine a élaboré une hypotypose (évocation sous forme de
tableau animé).   2. Premiers fruits de la terre dédiés aux dieux ;
d'où heureux commencements.

ACTE II

Scène première

TITUS, PAULIN, SUITE

TITUS

A-t-on vu de ma part le roi de Comagène ?
Sait-il que je l'attends ?

PAULIN

              J'ai couru chez la reine,
Dans son appartement ce prince avait paru,
330 Il en était sorti lorsque j'y suis couru.
De vos ordres, Seigneur, j'ai dit qu'on l'avertisse.

TITUS

Il suffit. Et que fait la reine Bérénice ?

PAULIN

La reine, en ce moment, sensible à vos bontés,
Charge le ciel de vœux pour vos prospérités.
Elle sortait, Seigneur.

TITUS

             Trop aimable [1] princesse !
Hélas !

---

1. Digne d'être aimée.

PAULIN

En sa faveur d'où naît cette tristesse ?
L'Orient presque entier va fléchir sous sa loi.
Vous la plaignez ?

TITUS

Paulin, qu'on vous laisse avec moi.

Scène 2

TITUS, PAULIN

TITUS

Hé bien, de mes desseins Rome encore incertaine
340 Attend que[1] deviendra le destin de la reine,
Paulin, et les secrets de son cœur et du mien
Sont de tout l'univers devenus l'entretien.
Voici le temps enfin qu'il faut que je m'explique[2].
De la reine et de moi que dit la voix publique ?
Parlez. Qu'entendez-vous ?

PAULIN

J'entends de tous côtés
Publier vos vertus, Seigneur, et ses beautés.

TITUS

Que dit-on des soupirs que je pousse pour elle ?
Quel succès attend-on d'un amour si fidèle ?

PAULIN

Vous pouvez tout. Aimez, cessez d'être amoureux.
350 La cour sera toujours du parti de vos vœux.

---

1. Attend de savoir ce que. La langue actuelle admet seulement la proposition relative là où celle du XVIIᵉ siècle acceptait l'interrogative indirecte.   2. Le vers clé de la pièce. Voir le dossier, p. 120.

TITUS

Et je l'ai vue aussi cette cour peu sincère[1],
À ses maîtres toujours trop soigneuse de plaire,
Des crimes de Néron approuver les horreurs,
Je l'ai vue à genoux consacrer[2] ses fureurs.
Je ne prends point pour juge une cour idolâtre,
Paulin. Je me propose un plus noble théâtre[a] ;
Et sans prêter l'oreille à la voix des flatteurs,
Je veux par votre bouche entendre tous les cœurs.
Vous me l'avez promis. Le respect et la crainte
360 Ferment autour de moi le passage à la plainte.
Pour mieux voir, cher Paulin, et pour entendre mieux,
Je vous ai demandé des oreilles, des yeux.
J'ai mis même à ce prix mon amitié secrète,
J'ai voulu que des cœurs vous fussiez l'interprète,
Qu'au travers des flatteurs votre sincérité
Fît toujours jusqu'à moi passer la vérité.
Parlez donc. Que faut-il que Bérénice espère ?
Rome lui sera-t-elle indulgente, ou sévère ?
Dois-je croire qu'assise au trône des Césars
370 Une si belle reine offensât ses regards ?

PAULIN

N'en doutez point, Seigneur. Soit raison, soit caprice[b],
Rome ne l'attend point pour son impératrice.
On sait qu'elle est charmante. Et de si belles mains
Semblent vous demander l'empire des humains.
Elle a même, dit-on, le cœur d'une Romaine.
Elle a mille vertus. Mais, Seigneur, elle est reine.
Rome, par une loi, qui ne se peut changer,
N'admet avec son sang aucun sang étranger,
Et ne reconnaît point les fruits illégitimes,

---

1. La critique de la cour est un thème conventionnel dans la tragédie
depuis la Renaissance. On le trouvait déjà dans *Britannicus* (IV, 4), mais
avec une portée différente (il était mis dans la bouche de l'hypocrite Nar-
cisse). Cependant le Titus historique a réellement « vu » ce que Racine
décrit ici : il avait été élevé avec Britannicus, héritier du trône assassiné par
Néron.   2. Sens quasi religieux de bénir, rendre sacré.

380 Qui naissent d'un hymen contraire à ses maximes[1].
D'ailleurs, vous le savez, en bannissant ses rois,
Rome à ce nom si noble, et si saint autrefois,
Attacha pour jamais une haine puissante ;
Et quoiqu'à ses Césars fidèle, obéissante,
Cette haine, Seigneur, reste de sa fierté,
Survit dans tous les cœurs après la liberté.
Jules[2], qui le premier la soumit à ses armes,
Qui fit taire les lois dans le bruit des alarmes,
Brûla pour Cléopâtre, et sans se déclarer,
390 Seule dans l'Orient la laissa soupirer[3].
Antoine qui l'aima jusqu'à l'idolâtrie,
Oublia dans son sein sa gloire et sa patrie,
Sans oser toutefois se nommer son époux.
Rome l'alla chercher jusques à ses genoux,
Et ne désarma point sa fureur vengeresse,
Qu'elle n'eût accablé l'amant et la maîtresse[4].
Depuis ce temps, Seigneur, Caligula, Néron,
Monstres, dont à regret je cite ici le nom,
Et qui ne conservant que la figure d'homme,
400 Foulèrent à leurs pieds toutes les lois de Rome,
Ont craint cette loi seule, et n'ont point à nos yeux
Allumé le flambeau d'un hymen odieux.
Vous m'avez commandé sur tout d'être sincère.

---

1. Maximes, au sens d'articles de loi. Cette « loi » romaine qui interdit à un gouvernant romain d'épouser une reine étrangère était une loi non écrite. 2. C'est-à-dire Jules César, qui a le premier confisqué les institutions républicaines de Rome d'abord par la force (il « soumit [la liberté, ou Rome] à ses armes »), puis par le biais d'une législation exceptionnelle (il « fit taire les lois dans le bruit des alarmes », c'est-à-dire qu'il suspendit le cours des institutions régulières en se faisant attribuer la *dictature*, délégation de tous les pouvoirs à un seul individu en cas de péril extrême). 3. En fait, selon certains historiens, César avait fait venir Cléopâtre à Rome, mais il la renvoya sans avoir jamais eu l'intention de « se déclarer », c'est-à-dire de s'afficher publiquement avec elle. 4. Antoine, ancien lieutenant de César, qui se partagea l'empire avec Octave-Auguste, héritier de César, vécut de longues années en Égypte avec Cléopâtre, dont il eut plusieurs enfants, sans, pour autant, répudier officiellement sa femme légitime, Octavie, sœur d'Octave. La guerre menée ensuite par celui-ci jusqu'en Égypte se solda par le suicide des deux amants.

De l'affranchi Pallas nous avons vu le frère,
Des fers de Claudius Félix encor flétri,
De deux reines, Seigneur, devenir le mari[1] ;
Et s'il faut jusqu'au bout que je vous obéisse,
Ces deux reines étaient du sang de Bérénice.
Et vous croiriez pouvoir[a], sans blesser nos regards,
410   Faire entrer une reine au lit de nos Césars,
Tandis que l'Orient dans le lit de ses reines
Voit passer un esclave au sortir de nos chaînes ?
C'est ce que les Romains pensent de votre amour.
Et je ne réponds pas[2] avant la fin du jour
Que le sénat chargé des vœux de tout l'empire,
Ne vous redise ici ce que je viens de dire :[3]
Et que Rome avec lui tombant à vos genoux,
Ne vous demande un choix digne d'elle et de vous.
Vous pouvez préparer, Seigneur, votre réponse.

TITUS

420   Hélas ! À quel amour on veut que je renonce !

PAULIN

Cet amour est ardent, il le faut confesser.

TITUS

Plus ardent mille fois que tu ne peux penser,
Paulin. Je me suis fait un plaisir nécessaire
De la voir chaque jour, de l'aimer, de lui plaire.
J'ai fait plus. Je n'ai rien de secret à tes yeux.
J'ai pour elle cent fois rendu grâces aux dieux,

---

1. Comprendre : nous avons vu le frère de l'affranchi Pallas, Félix,
encore flétri des fers de l'empereur Claudius (à peine sorti d'esclavage),
devenir le mari de deux reines. En fait, il avait épousé trois reines, mais
Racine ne fait allusion qu'aux deux reines (toutes deux appelées Dru-
silla) qui touchaient au sang de Bérénice : l'une était sa sœur, l'autre,
sans parenté directe avec elle, descendait cependant de Cléopâtre,
comme elle.   2. Je ne réponds pas avant la fin du jour que : je ne
garantis pas que, avant la fin du jour...   3. Sur cette ponctuation, voir
la Note sur la présente édition, p. 16. Racine a ici délibérément allongé
la pause de la voix en remplaçant la virgule qui figurait dans l'édition
originale par ces deux-points.

D'avoir choisi mon père au fond de l'Idumée[1],
D'avoir rangé sous lui l'Orient et l'armée,
Et soulevant encor le reste des humains,
430 Remis Rome sanglante en ses paisibles mains.
J'ai même souhaité la place de mon père,
Moi, Paulin, qui cent fois, si le sort moins sévère
Eût voulu de sa vie étendre les liens,
Aurais donné mes jours pour prolonger les siens.
Tout cela (qu'un amant sait mal ce qu'il désire !)
Dans l'espoir d'élever Bérénice à l'empire,
De reconnaître un jour son amour et sa foi,
Et de voir à ses pieds tout le monde avec moi.
Malgré[a] tout mon amour, Paulin, et tous ses charmes,
440 Après mille serments appuyés de mes larmes,
Maintenant que je puis couronner tant d'attraits,
Maintenant que je l'aime encor plus que jamais,
Lorsqu'un heureux hymen joignant nos destinées
Peut payer en un jour les vœux de cinq années ;
Je vais, Paulin... Ô ciel ! puis-je le déclarer ?

PAULIN

Quoi, Seigneur ?

TITUS

Pour jamais je vais m'en séparer.
Mon cœur en ce moment ne vient pas de se rendre.
Si je t'ai fait parler, si j'ai voulu t'entendre,
Je voulais que ton zèle achevât en secret
450 De confondre un amour qui se tait à regret.
Bérénice a longtemps balancé la victoire[2].
Et si je penche enfin du côté de ma gloire[3],

---

1. Idumée, région de Palestine (aussi appelée Édom) : Vespasien commandait l'armée de Judée qui réprimait la révolte juive lorsqu'en 69 il fut proclamé empereur par son armée puis par les autres armées du Moyen-Orient (« l'Orient », v. 428). Depuis la destitution et le suicide de Néron, un an plus tôt, Rome avait été le théâtre de guerres civiles (c'est pourquoi elle est désignée comme « sanglante » au v. 430), trois empereurs s'étant succédé en quelques mois. 2. Tenu la victoire en suspens en la faisant pencher vers elle. 3. Gloire ici au sens de grandeur morale.

Crois qu'il m'en a coûté, pour vaincre tant d'amour,
Des combats dont mon cœur saignera plus d'un jour.
J'aimais, je soupirais, dans une paix profonde :
Un autre était chargé de l'empire du monde ;
Maître de mon destin, libre dans mes soupirs,
Je ne rendais qu'à moi compte de mes désirs.
Mais à peine le ciel eut rappelé mon père,
460 Dès que ma triste main eut fermé sa paupière,
De mon aimable erreur je fus désabusé,
Je sentis le fardeau qui m'était imposé.
Je connus que bientôt loin d'être à ce que j'aime,
Il fallait, cher Paulin, renoncer à moi-même,
Et que le choix des dieux, contraire à mes amours,
Livrait à l'univers le reste de mes jours.
Rome observe aujourd'hui ma conduite nouvelle.
Quelle honte pour moi ! Quel présage pour elle,
Si dès le premier pas renversant tous ses droits,
470 Je fondais mon bonheur sur le débris des lois !
Résolu d'accomplir ce cruel sacrifice,
J'y voulus préparer la triste Bérénice.
Mais par où commencer ? Vingt fois depuis huit jours
J'ai voulu devant elle en ouvrir le discours,
Et dès le premier mot ma langue embarrassée
Dans ma bouche vingt fois a demeuré glacée.
J'espérais que du moins mon trouble et ma douleur
Lui feraient pressentir notre commun malheur.
Mais sans me soupçonner, sensible à mes alarmes,
480 Elle m'offre sa main pour essuyer mes larmes,
Et ne prévoit rien moins dans cette obscurité,
Que la fin d'un amour[a] qu'elle a trop mérité [1].
Enfin j'ai ce matin rappelé ma constance.
Il faut la voir, Paulin, et rompre le silence.
J'attends Antiochus, pour lui recommander
Ce dépôt précieux que je ne puis garder.

---

1. Et ce qu'elle prévoit le moins, dans l'ignorance où elle est, c'est
la fin de mon amour qu'elle mérite pourtant au-delà du possible.

Jusque dans l'Orient je veux qu'il la remène[1].
Demain Rome avec lui verra partir la reine.
Elle en sera bientôt instruite par ma voix,
490 Et je vais lui parler pour la dernière fois.

PAULIN

Je n'attendais pas moins de cet amour de gloire
Qui partout après vous attacha la victoire.
La Judée asservie, et ses remparts fumants,
De cette noble ardeur éternels monuments,
Me répondaient assez que votre grand courage
Ne voudrait pas, Seigneur, détruire son ouvrage,
Et qu'un héros vainqueur de tant de nations
Saurait bien, tôt ou tard, vaincre ses passions.

TITUS

Ah ! que sous de beaux noms cette gloire est cruelle !
500 Combien mes tristes yeux la trouveraient plus belle,
S'il ne fallait encor qu'affronter le trépas !
Que dis-je ? Cette ardeur que j'ai pour ses appas[2],
Bérénice en mon sein l'a jadis allumée.
Tu ne l'ignores pas, toujours la renommée
Avec le même éclat n'a pas semé mon nom,
Ma jeunesse nourrie à la cour de Néron
S'égarait, cher Paulin, par l'exemple abusée,
Et suivait du plaisir la pente trop aisée.
Bérénice me plut. Que ne fait point un cœur
510 Pour plaire à ce qu'il aime, et gagner son vainqueur !
Je prodiguai mon sang. Tout fit place à mes armes.
Je revins triomphant. Mais le sang et les larmes
Ne me suffisaient pas pour mériter ses vœux.
J'entrepris le bonheur de mille malheureux.
On vit de toutes parts mes bontés se répandre[a] ;
Heureux et plus heureux que tu ne peux comprendre
Quand je pouvais paraître à ses yeux satisfaits

---

1. *Remener* et *ramener* sont distincts au XVIIe siècle : *remener* a le sens très précis et exclusif de *reconduire* (qui n'est que l'un des sens de *ramener*, où demeure l'idée d'amener vers soi).   2. Il s'agit des *appas* de la gloire (v. 499) et non de ceux de Bérénice.

Chargé de mille cœurs conquis par mes bienfaits.
Je lui dois tout, Paulin. Récompense cruelle !
520 Tout ce que je lui dois va retomber sur elle.
Pour prix de tant de gloire et de tant de vertus,
Je lui dirai, Partez, et ne me voyez plus.

PAULIN

Hé quoi, Seigneur ! hé quoi ! cette magnificence
Qui va jusqu'à l'Euphrate étendre sa puissance,
Tant d'honneurs, dont l'excès a surpris le sénat,
Vous laissent-ils encor craindre le nom d'ingrat ?
Sur cent peuples nouveaux Bérénice commande.

TITUS

Faibles amusements d'une douleur si grande !
Je connais Bérénice, et ne sais que trop bien
530 Que son cœur n'a jamais demandé que le mien.
Je l'aimai, je lui plus. Depuis cette journée[1],
(Dois-je dire funeste, hélas ! ou fortunée ?)
Sans avoir en aimant d'objet que son amour,
Étrangère dans Rome, inconnue à la cour,
Elle passe ses jours, Paulin, sans rien prétendre
Que quelque heure à me voir, et le reste à m'attendre.
Encor si quelquefois un peu moins assidu
Je passe le moment, où je suis attendu,
Je la revois bientôt de pleurs toute trempée.
540 Ma main à les sécher est longtemps occupée.
Enfin tout ce qu'Amour a de nœuds plus puissants,
Doux reproches, transports sans cesse renaissants,
Soin de plaire sans art, crainte toujours nouvelle,
Beauté, gloire, vertu, je trouve tout en elle.
Depuis cinq ans entiers chaque jour je la vois,
Et crois toujours la voir pour la première fois.
N'y songeons plus. Allons, cher Paulin, plus j'y pense,
Plus je sens chanceler ma cruelle constance.
Quelle nouvelle, ô ciel ! je lui vais annoncer !
550 Encore un coup, allons, il n'y faut plus penser.

---

1. Depuis le jour où ils se plurent et s'aimèrent.

Je connais mon devoir, c'est à moi de le suivre.
Je n'examine point si j'y pourrai survivre.

Scène 3

TITUS, PAULIN, RUTILE

RUTILE

Bérénice, Seigneur, demande à vous parler.

TITUS

Ah Paulin !

PAULIN

Quoi ! déjà vous semblez reculer !
De vos nobles projets, Seigneur, qu'il vous souvienne[a],
Voici le temps.

TITUS

Hé bien, voyons-la. Qu'elle vienne.

Scène 4

BÉRÉNICE, TITUS, PAULIN, PHÉNICE

BÉRÉNICE

Ne vous offensez pas, si mon zèle indiscret
De votre solitude interrompt le secret.
Tandis qu'autour de moi votre cour assemblée
560 Retentit des bienfaits dont vous m'avez comblée,
Est-il juste, Seigneur, que seule en ce moment
Je demeure sans voix et sans ressentiment[1] ?
Mais, Seigneur, (car je sais que cet ami sincère
Du secret de nos cœurs connaît tout le mystère)

---

1. Au sens positif de sentiment de reconnaissance.

Votre deuil est fini, rien n'arrête vos pas,
Vous êtes seul enfin, et ne me cherchez pas.
J'entends que vous m'offrez un nouveau diadème,
Et ne puis cependant vous entendre vous-même.
Hélas ! plus de repos, Seigneur, et moins d'éclat.
570 Votre amour ne peut-il paraître qu'au sénat ?
Ah Titus ! car enfin l'amour fuit la contrainte
De tous ces noms, que suit le respect et la crainte.
De quel soin votre amour va-t-il s'importuner ?
N'a-t-il que des États qu'il me puisse donner ?
Depuis quand croyez-vous que ma grandeur me
                                    [touche ?
Un soupir, un regard, un mot de votre bouche,
Voilà l'ambition d'un cœur comme le mien.
Voyez-moi plus souvent et ne me donnez rien.
Tous vos moments sont-ils dévoués à l'empire ?
580 Ce cœur après huit jours[a] n'a-t-il rien à me dire ?
Qu'un mot va rassurer mes timides[1] esprits !
Mais parliez-vous de moi, quand je vous ai surpris ?
Dans vos secrets discours étais-je intéressée[2],
Seigneur ? Étais-je au moins présente à la pensée ?

                    TITUS

N'en doutez point, Madame, et j'atteste les dieux
Que toujours Bérénice est présente à mes yeux.
L'absence, ni le temps, je vous le jure encore,
Ne vous peuvent ravir ce cœur qui vous adore.

                    BÉRÉNICE

Hé quoi ? vous me jurez une éternelle ardeur,
590 Et vous me la jurez avec cette froideur ?
Pourquoi même du ciel[b] attester la puissance ?
Faut-il par des serments vaincre ma défiance ?
Mon cœur ne prétend point, Seigneur, vous démentir,
Et je vous en croirai sur un simple soupir.

---

1. Emplis de crainte.   2. Étais-je associée ?

TITUS

Madame...

BÉRÉNICE

Hé bien, Seigneur ? Mais quoi ? sans me
[répondre
Vous détournez les yeux, et semblez vous confondre [1] !
Ne m'offrirez-vous plus qu'un visage interdit ?
Toujours la mort d'un père occupe votre esprit ?
Rien ne peut-il charmer l'ennui [2] qui vous dévore ?

TITUS

600 Plût au ciel[a] que mon père, hélas, vécût encore !
Que je vivais heureux !

BÉRÉNICE

Seigneur, tous ces regrets
De votre piété sont de justes effets :
Mais vos pleurs ont assez honoré sa mémoire,
Vous devez d'autres soins à Rome, à votre gloire :
De mon propre intérêt, je n'ose vous parler.
Bérénice autrefois pouvait vous consoler.
Avec plus de plaisir vous m'avez écoutée.
De combien de malheurs pour vous persécutée
Vous ai-je pour un mot sacrifié mes pleurs ?
610 Vous regrettez un père. Hélas, faibles douleurs !
Et moi (ce souvenir me fait frémir encore)
On voulait m'arracher de tout ce que j'adore,
Moi, dont vous connaissez le trouble et le tourment,
Quand vous ne me quittez que pour quelque moment,
Moi, qui mourrais le jour qu'on voudrait[b] m'interdire
De vous...

TITUS

Madame, hélas ! que me venez-vous dire ?
Quel temps choisissez-vous ? Ah de grâce ! arrêtez.

_____

1. Vous semblez vous remplir de confusion.   2. Détourner la
souffrance.

C'est trop pour un ingrat prodiguer vos bontés.

BÉRÉNICE

Pour un ingrat, Seigneur ! Et le pouvez-vous être ?
620 Ainsi donc mes bontés vous fatiguent peut-être ?

TITUS

Non, Madame. Jamais, puisqu'il faut vous parler,
Mon cœur de plus de feux ne se sentit brûler.
Mais...

BÉRÉNICE

Achevez.

TITUS

Hélas [1] !

BÉRÉNICE

Parlez.

TITUS

Rome... l'empire...

BÉRÉNICE

Hé bien ?

TITUS

Sortons, Paulin, je ne lui puis rien dire.

---

1. C'est le cinquième *hélas* de la scène, mais l'abbé de Villars n'a
ironisé que sur les *hélas* d'Antiochus (voir la préface de Racine, p. 25),
les plus remarquables puisque le dernier termine la pièce.

« *Sortons, Paulin, je ne lui puis rien dire.* »

Scène 5

BÉRÉNICE, PHÉNICE

BÉRÉNICE

Quoi me quitter si tôt, et ne me dire rien ?
Chère Phénice, hélas ! quel funeste entretien !
Qu'ai-je fait ? Que veut-il ? et que dit ce silence ?

PHÉNICE

Comme vous, je me perds[a] d'autant plus que j'y pense.
Mais ne s'offre-t-il rien à votre souvenir
630 Qui contre vous, Madame, ait pu le prévenir[1] ?
Voyez, examinez.

BÉRÉNICE

        Hélas ! tu peux m'en croire,
Plus je veux du passé rappeler la mémoire,
Du jour que je le vis, jusqu'à ce triste jour,
Plus je vois qu'on me peut reprocher trop d'amour.
Mais tu nous entendais. Il ne faut rien me taire.
Parle[2]. N'ai-je rien dit qui lui puisse déplaire ?
Que sais-je ? J'ai peut-être avec trop de chaleur
Rabaissé ses présents, ou blâmé sa douleur.
N'est-ce point que de Rome il redoute la haine ?
640 Il craint peut-être, il craint d'épouser une reine.
Hélas ! s'il était vrai... Mais non, il a cent fois
Rassuré mon amour contre leurs[3] dures lois ;
Cent fois... Ah ! qu'il m'explique un silence si rude :
Je ne respire pas dans cette incertitude.
Moi, je vivrais, Phénice, et je pourrais penser
Qu'il me néglige, ou bien que j'ai pu l'offenser ?
Retournons sur ses pas. Mais quand je m'examine,
Je crois de ce désordre entrevoir l'origine,
Phénice, il aura su tout ce qui s'est passé.

---

1. Prévenir contre : disposer quelqu'un contre quelqu'un.   **2.** Fausse invitation à parler : Phénice n'interrompra pas son monologue. **3.** Ce possessif plùriel renvoie à *Rome* (v. 639) entendu comme un collectif (les Romains).

650 L'amour d'Antiochus l'a peut-être offensé.
Il attend, m'a-t-on dit, le roi de Comagène.
Ne cherchons point ailleurs le sujet de ma peine.
Sans doute ce chagrin qui vient de m'alarmer
N'est qu'un léger soupçon facile à désarmer.
Je ne te vante point cette faible victoire,
Titus. Ah, plût au ciel, que sans blesser ta gloire,
Un rival plus puissant voulût tenter ma foi,
Et pût mettre à mes pieds plus d'empires que toi,
Que de sceptres sans nombre il pût payer ma flamme,
660 Que ton amour n'eût rien à donner que ton âme ;
C'est alors, cher Titus, qu'aimé, victorieux,
Tu verrais de quel prix ton cœur est à mes yeux.
Allons, Phénice, un mot pourra le satisfaire.
Rassurons-nous, mon cœur, je puis encor lui plaire.
Je me comptais trop tôt au rang des malheureux.
Si Titus est jaloux, Titus est amoureux [1].

---

1. Sur l'idée d'un Titus jaloux d'Antiochus, voir notre préface, p. 13-14.

ACTE III

Scène première

TITUS, ANTIOCHUS, ARSACE

TITUS

Quoi, Prince ! vous partiez ? Quelle raison subite
Presse votre départ, ou plutôt votre fuite ?
Vouliez-vous me cacher jusques à vos adieux ?
670 Est-ce comme ennemi que vous quittez ces lieux ?
Que diront avec moi la cour, Rome, l'empire ?
Mais comme votre ami que ne puis-je point dire ?
De quoi m'accusez-vous ? Vous avais-je sans choix
Confondu jusqu'ici dans la foule des rois ?
Mon cœur vous fut ouvert tant qu'a vécu mon père.
C'était le seul présent que je pouvais vous faire.
Et lorsque avec mon cœur ma main peut s'épancher,
Vous fuyez mes bienfaits tout prêts à vous chercher ?
Pensez-vous qu'oubliant ma fortune passée
680 Sur ma seule grandeur j'arrête ma pensée ?
Et que tous mes amis s'y présentent de loin
Comme autant d'inconnus, dont je n'ai plus besoin ?
Vous-même, à mes regards qui vouliez vous soustraire,
Prince, plus que jamais vous m'êtes nécessaire.

ANTIOCHUS

Moi, Seigneur ?

TITUS

Vous.

ANTIOCHUS

Hélas ! D'un prince malheureux,
Que pouvez-vous, Seigneur, attendre que des vœux ?

TITUS

Je n'ai pas oublié, Prince, que ma victoire
Devait à vos exploits la moitié de sa gloire,
Que Rome vit passer au nombre des vaincus
690 Plus d'un captif, chargé des fers d'Antiochus[1],
Que dans le Capitole elle voit attachées
Les dépouilles des Juifs par vos mains arrachées,
Je n'attends pas de vous de ces sanglants exploits,
Et je veux seulement emprunter votre voix.
Je sais que Bérénice à vos soins redevable
Croit posséder en vous un ami véritable.
Elle ne voit dans Rome et n'écoute que vous.
Vous ne faites qu'un cœur et qu'une âme avec nous.
Au nom d'une amitié si constante, et si belle,
700 Employez le pouvoir que vous avez sur elle.
Voyez-la de ma part.

ANTIOCHUS

Moi, paraître à ses yeux ?
La reine pour jamais a reçu mes adieux.

TITUS

Prince, il faut que pour moi vous lui parliez encore.

ANTIOCHUS

Ah ! parlez-lui, Seigneur, la reine vous adore.
Pourquoi vous dérober vous-même en ce moment
Le plaisir de lui faire un aveu si charmant ?
Elle l'attend, Seigneur, avec impatience.
Je réponds, en partant, de son obéissance,
Et même elle m'a dit que prêt à l'épouser,

---

1. C'est lors du triomphe de Titus que Rome vit passer les vaincus
enchaînés derrière son char, parmi lesquels ceux qu'avait fait prisonniers Antiochus.

710 Vous ne la verrez plus que pour l'y disposer.

TITUS

Ah ! qu'un aveu si doux aurait lieu de me plaire !
Que je serais heureux, si j'avais à le faire !
Mes transports aujourd'hui s'attendaient d'éclater[1].
Cependant aujourd'hui, Prince, il faut la quitter.

ANTIOCHUS

La quitter ! Vous, Seigneur ?

TITUS

                    Telle est ma destinée,
Pour elle, et pour Titus, il n'est plus d'hyménée.
D'un espoir si charmant je me flattais en vain.
Prince, il faut avec vous qu'elle parte demain.

ANTIOCHUS

Qu'entends-je ? Ô ciel !

TITUS

                    Plaignez ma grandeur
720 Maître de l'univers, je règle sa fortune. [importune.
Je puis faire les rois, je puis les déposer.
Cependant de mon cœur je ne puis disposer.
Rome contre les rois de tout temps soulevée,
Dédaigne une beauté dans la pourpre élevée,
L'éclat du diadème, et cent rois pour aïeux
Déshonorent ma flamme, et blessent tous les yeux.
Mon cœur libre d'ailleurs[2], sans craindre les
                                    [murmures,
Peut brûler à son choix dans des flammes obscures[3],
Et Rome avec plaisir recevrait de ma main
730 La moins digne beauté, qu'elle cache en son sein.

_____

1. Mes sentiments passionnés auraient dû éclater aujourd'hui.
2. D'un autre côté, par ailleurs.   3. Peut choisir de se consacrer à
des amours obscures (d'aimer des femmes d'origine obscure, de basse
origine).

Jules[1] céda lui-même au torrent qui m'entraîne.
Si le peuple demain ne voit partir la reine,
Demain elle entendra ce peuple furieux
Me venir demander son départ à ses yeux.
Sauvons de cet affront mon nom et sa mémoire[2].
Et puisqu'il faut céder, cédons à notre gloire.
Ma bouche, et mes regards muets depuis huit jours,
L'auront pu préparer à ce triste discours.
Et même en ce moment, inquiète, empressée,
740   Elle veut qu'à ses yeux j'explique ma pensée.
D'un amant interdit soulagez le tourment.
Épargnez à mon cœur cet éclaircissement.
Allez, expliquez-lui mon trouble et mon silence,
Surtout qu'elle me laisse éviter sa présence.
Soyez le seul témoin de ses pleurs et des miens.
Portez-lui mes adieux, et recevez les siens.
Fuyons tous deux, fuyons un spectacle funeste
Qui de notre constance accablerait le reste.
Si l'espoir de régner et de vivre en mon cœur
750   Peut de son infortune adoucir la rigueur ;
Ah, Prince ! jurez-lui que toujours trop fidèle,
Gémissant dans ma cour, et plus exilé qu'elle,
Portant jusqu'au tombeau le nom de son amant,
Mon règne ne sera qu'un long bannissement,
Si le ciel non content de me l'avoir ravie
Veut encor m'affliger par une longue vie[3].
Vous, que l'amitié seule attache sur ses pas,
Prince, dans son malheur ne l'abandonnez pas.
Que l'Orient vous voie arriver à sa suite ;
760   Que ce soit un triomphe, et non pas une fuite ;
Qu'une amitié si belle ait d'éternels liens ;
Que mon nom soit toujours dans tous vos entretiens.
Pour rendre vos États plus voisins l'un de l'autre,
L'Euphrate bornera son empire et le vôtre.
Je sais que le sénat tout plein de votre nom,

---

1. Jules César. Nouvelle allusion à ses amours pour Cléopâtre (voir les v. 387-390).   2. La mémoire de Bérénice, c'est-à-dire le souvenir qu'elle laissera.   3. Racine invente ici une sorte d'ironie de l'histoire : à cette date, Titus n'a plus que deux ans à vivre.

D'une commune voix confirmera ce don.
Je joins la Cilicie[1] à votre Comagène.
Adieu. Ne quittez point ma princesse, ma reine,
Tout ce qui de mon cœur fut l'unique désir,
770 Tout ce que j'aimerai jusqu'au dernier soupir.

Scène 2

ANTIOCHUS, ARSACE

ARSACE

Ainsi le ciel s'apprête à vous rendre justice.
Vous partirez, Seigneur, mais avec Bérénice.
Loin de vous la ravir on va vous la livrer.

ANTIOCHUS

Arsace, laisse-moi le temps de respirer.
Ce changement est grand, ma surprise est extrême !
Titus entre mes mains remet tout ce qu'il aime !
Dois-je croire, grands dieux ! ce que je viens d'ouïr ?
Et quand je le croirais dois-je m'en réjouir ?

ARSACE

Mais moi-même, Seigneur, que faut-il que je croie ?
780 Quel obstacle nouveau s'oppose à votre joie ?
Me trompiez-vous tantôt au sortir de ces lieux,
Lorsque encor tout ému de vos derniers adieux,
Tremblant d'avoir osé s'expliquer devant elle,
Votre cœur me contait son audace nouvelle ?
Vous fuyiez un hymen qui vous faisait trembler.
Cet hymen est rompu. Quel soin[2] peut vous troubler ?
Suivez les doux transports où l'amour vous invite.

---

1. La Cilicie était située à l'est de la Commagène et au nord de la Syrie.   2. Quel souci.

ANTIOCHUS

Arsace, je me vois chargé de sa conduite [1].
Je jouirai longtemps de ses chers entretiens,
790 Ses yeux mêmes pourront s'accoutumer aux miens.
Et peut-être son cœur fera la différence
Des froideurs de Titus à ma persévérance.
Titus m'accable ici du poids de sa grandeur.
Tout disparaît dans Rome auprès de sa splendeur.
Mais, quoique l'Orient soit plein de sa mémoire,
Bérénice y verra des traces de ma gloire.

ARSACE

N'en doutez point, Seigneur, tout succède à vos vœux [2].

ANTIOCHUS

Ah ! que nous nous plaisons à nous tromper tous deux !

ARSACE

Et pourquoi nous tromper ?

ANTIOCHUS

                        Quoi ! je lui pourrais plaire !
800 Bérénice à mes vœux ne serait plus contraire ?
Bérénice d'un mot flatterait mes douleurs [3] ?
Penses-tu seulement que parmi ses malheurs,
Quand l'univers entier négligerait ses charmes,
L'ingrate me permît de lui donner des larmes,
Ou qu'elle s'abaissât jusques à recevoir
Des soins [4], qu'à mon amour elle croirait devoir ?

ARSACE

Et qui peut mieux que vous consoler sa disgrâce ?
Sa fortune, Seigneur, va prendre une autre face.
Titus la quitte.

---

1. Du soin de la reconduire chez elle.   2. Tout réussit, tout se conforme à vos souhaits.   3. Apaiserait mes douleurs.   4. Ici *soins* a le sens d'hommage amoureux.

ANTIOCHUS

Hélas ! De ce grand changement
810   Il ne me reviendra que le nouveau tourment
D'apprendre par ses pleurs à quel point elle l'aime.
Je la verrai gémir, je la plaindrai moi-même.
Pour fruit de tant d'amour j'aurai le triste emploi
De recueillir des pleurs qui ne sont pas pour moi.

ARSACE

Quoi ! ne vous plairez-vous qu'à vous gêner [1] sans
[cesse ?
Jamais dans un grand cœur vit-on plus de faiblesse ?
Ouvrez les yeux, Seigneur, et songeons entre nous
Par combien de raisons Bérénice est à vous.
Puisque aujourd'hui Titus ne prétend plus lui plaire,
820   Songez que votre hymen lui devient nécessaire.

ANTIOCHUS

Nécessaire !

ARSACE

À ses pleurs accordez quelques jours,
De ses premiers sanglots laissez passer le cours.
Tout parlera pour vous, le dépit, la vengeance,
L'absence de Titus, le temps, votre présence,
Trois sceptres, que son bras ne peut seul soutenir [2],
Vos deux États voisins, qui cherchent à s'unir.
L'intérêt, la raison, l'amitié, tout vous lie.

ANTIOCHUS

Oui, je respire[a], Arsace, et tu me rends la vie.
J'accepte avec plaisir un présage si doux.
830   Que tardons-nous ? Faisons ce qu'on attend de nous,
Entrons chez Bérénice ; et puisqu'on nous l'ordonne,
Allons lui déclarer que Titus l'abandonne.
Mais plutôt demeurons. Que faisais-je ? Est-ce à moi,

---

1. Torturer, tourmenter.   **2.** Les sceptres de la Palestine, de
l'Arabie et la Syrie (voir I, 4 ; v. 171-172).

Arsace, à me charger de ce cruel emploi ?
Soit vertu, soit amour, mon cœur s'en effarouche.
L'aimable Bérénice entendrait de ma bouche,
Qu'on l'abandonne ! Ah Reine ! Et qui l'aurait pensé
Que ce mot dût jamais vous être prononcé !

ARSACE

La haine sur Titus tombera tout entière.
840 Seigneur, si vous parlez, ce n'est qu'à sa prière.

ANTIOCHUS

Non, ne la voyons point. Respectons sa douleur.
Assez d'autres viendront lui conter son malheur.
Et ne la crois-tu pas assez infortunée
D'apprendre à quel mépris Titus l'a condamnée,
Sans lui donner encor le déplaisir fatal
D'apprendre ce mépris par son propre rival ?
Encore un coup, fuyons. Et par cette nouvelle,
N'allons point nous charger d'une haine immortelle.

ARSACE

Ah ! la voici, Seigneur, prenez votre parti.

ANTIOCHUS

850 Ô ciel !

Scène 3

BÉRÉNICE, ANTIOCHUS, ARSACE, PHÉNICE

BÉRÉNICE

Hé quoi, Seigneur vous n'êtes point parti[a] ?

ANTIOCHUS

Madame, je vois bien que vous êtes déçue,
Et que c'était César que cherchait votre vue.
Mais n'accusez que lui, si malgré mes adieux

De ma présence encor j'importune vos yeux.
Peut-être en ce moment je serais dans Ostie,
S'il ne m'eût de sa cour défendu la sortie.

BÉRÉNICE

Il vous cherche vous seul. Il nous évite tous.

ANTIOCHUS

Il ne m'a retenu que pour parler de vous [1].

BÉRÉNICE

De moi, Prince !

ANTIOCHUS
Oui, Madame.

BÉRÉNICE
Et qu'a-t-il pu vous dire ?

ANTIOCHUS
860 Mille autres, mieux que moi, pourront vous en
                                              [instruire.

BÉRÉNICE

Quoi, Seigneur...

ANTIOCHUS
Suspendez votre ressentiment.
D'autres loin de se taire en ce même moment,
Triompheraient peut-être, et pleins de confiance
Céderaient avec joie à votre impatience.
Mais moi, toujours tremblant, moi, vous le savez bien,
À qui votre repos est plus cher que le mien,
Pour ne le point troubler, j'aime mieux vous déplaire,
Et crains votre douleur plus que votre colère.

---

1. *Vous* doit se prononcer comme *tous* au vers précédent : voir la
note du v. 270.

Avant la fin du jour vous me justifierez[1].
870 Adieu, Madame.

BÉRÉNICE
                    Ô ciel ! Quel discours ! Demeurez.
Prince, c'est trop cacher mon trouble à votre vue.
Vous voyez devant vous une reine éperdue,
Qui la mort dans le sein, vous demande deux mots.
Vous craignez, dites-vous, de troubler mon repos.
Et vos refus cruels, loin d'épargner ma peine,
Excitent ma douleur, ma colère, ma haine.
Seigneur, si mon repos vous est si précieux,
Si moi-même jamais je fus chère à vos yeux,
Éclaircissez le trouble où vous voyez mon âme.
880 Que vous a dit Titus ?

ANTIOCHUS
                    Au nom des dieux, Madame...

BÉRÉNICE
Quoi ! vous craignez si peu de me désobéir ?

ANTIOCHUS
Je n'ai qu'à vous parler, pour me faire haïr.

BÉRÉNICE
Je veux que vous parliez.

ANTIOCHUS
                    Dieux ! quelle violence !
Madame, encore un coup, vous louerez mon silence.

BÉRÉNICE
Prince, dès ce moment contentez mes souhaits,
Ou soyez de ma haine assuré pour jamais.

---

1. Vous me rendrez justice.

ANTIOCHUS

Madame, après cela je ne puis plus me taire.
Hé bien, vous le voulez, il faut vous satisfaire.
Mais ne vous flattez point[1]. Je vais vous annoncer
890 Peut-être des malheurs, où[2] vous n'osez penser.
Je connais votre cœur. Vous devez vous attendre
Que je le vais frapper par l'endroit le plus tendre.
Titus m'a commandé...

BÉRÉNICE
Quoi ?

ANTIOCHUS
De vous déclarer
Qu'à jamais l'un de l'autre il faut vous séparer.

BÉRÉNICE
Nous séparer ? Qui ? Moi ? Titus de Bérénice !

ANTIOCHUS
Il faut que devant vous je lui rende justice.
Tout ce que dans un cœur sensible et généreux
L'amour au désespoir peut rassembler d'affreux,
Je l'ai vu dans le sien. Il pleure ; il vous adore.
900 Mais enfin que lui sert de vous aimer encore ?
Une reine est suspecte à l'empire romain.
Il faut vous séparer, et vous partez demain.

BÉRÉNICE
Nous séparer ! Hélas, Phénice !

PHÉNICE
Hé bien, Madame ?
Il faut ici montrer la grandeur de votre âme.
Ce coup sans doute est rude, il doit vous étonner[3].

---

1. Se flatter : s'abuser, s'illusionner. · 2. Auxquels.   3. Frapper de stupéfaction, et même ici foudroyer.

BÉRÉNICE

Après tant de serments Titus m'abandonner !
Titus qui me jurait... Non, je ne le puis croire.
Il ne me quitte point, il y va de sa gloire.
Contre son innocence on veut me prévenir [1].
910 Ce piège n'est tendu que pour nous désunir.
Titus m'aime. Titus ne veut point que je meure.
Allons le voir. Je veux lui parler tout à l'heure [2],
Allons.

ANTIOCHUS

Quoi ? Vous pourriez ici me regarder...

BÉRÉNICE

Vous le souhaitez trop pour me persuader.
Non, je ne vous crois point. Mais quoi qu'il en
                                   [puisse être,
Pour jamais à mes yeux gardez-vous de paraître.

À Phénice.

Ne m'abandonne pas dans l'état[a] où je suis,
Hélas ! pour me tromper je fais ce que je puis.

Scène 4

ANTIOCHUS, ARSACE

ANTIOCHUS

Ne me trompé-je point ? L'ai-je bien entendue ?
920 Que je me garde, moi, de paraître à sa vue ?
Je m'en garderai bien. Et ne partais-je pas,
Si Titus malgré moi n'eût arrêté mes pas ?
Sans doute il faut partir[b]. Continuons, Arsace.
Elle croit m'affliger, sa haine me fait grâce.
Tu me voyais tantôt inquiet, égaré :

---

1. Voir la note au v. 630.   **2.** Tout de suite.

Je partais amoureux, jaloux, désespéré,
Et maintenant, Arsace, après cette défense
Je partirai peut-être avec indifférence.

ARSACE

Moins que jamais, Seigneur, il faut vous éloigner.

ANTIOCHUS

930 Moi, je demeurerai pour me voir dédaigner ?
Des froideurs de Titus je serai responsable ?
Je me verrai puni parce qu'il est coupable ?
Avec quelle injustice, et quelle indignité
Elle doute à mes yeux de ma sincérité ?
Titus l'aime, dit-elle, et moi je l'ai trahie,
L'ingrate ! m'accuser de cette perfidie ?
Et dans quel temps encor ! Dans le moment fatal
Que j'étale à ses yeux les pleurs de mon rival,
Que pour la consoler je le faisais paraître
940 Amoureux et constant, plus qu'il ne l'est peut-être.

ARSACE

Et de quel soin, Seigneur, vous allez-vous troubler [1] ?
Laissez à ce torrent le temps de s'écouler.
Dans huit jours, dans un mois, n'importe, il faut
Demeurez seulement.   [qu'il passe.

ANTIOCHUS

                    Non, je la quitte, Arsace.
Je sens qu'à sa douleur je pourrais compatir,
Ma gloire, mon repos, tout m'excite à partir.
Allons. Et de si loin évitons la cruelle,
Que de longtemps, Arsace, on ne nous parle d'elle.
Toutefois il nous reste encore assez de jour.
950 Je vais dans mon palais attendre ton retour.
Va voir si sa douleur ne l'a point trop saisie.
Cours. Et partons du moins assurés de sa vie.

---

1. Et par quel souci vous laissez-vous troubler ?

ACTE IV

Scène première

BÉRÉNICE, *seule*

Phénice ne vient point ? Moments trop rigoureux,
Que vous paraissez lents à mes rapides vœux !
Je m'agite, je cours, languissante, abattue ;
La force m'abandonne, et le repos me tue.
Phénice ne vient point ? Ah ! que cette longueur
D'un présage funeste épouvante mon cœur !
Phénice n'aura point de réponse à me rendre.
960 Titus, l'ingrat Titus n'a point voulu l'entendre.
Il fuit, il se dérobe à ma juste fureur.

Scène 2

BÉRÉNICE, PHÉNICE

BÉRÉNICE

Chère Phénice, hé bien ! as-tu vu l'empereur ?
Qu'a-t-il dit ? Viendra-t-il ?

PHÉNICE

                  Oui, je l'ai vu, Madame,
Et j'ai peint à ses yeux le trouble de votre âme.
J'ai vu couler des pleurs qu'il voulait retenir.

BÉRÉNICE

Vient-il ?

PHÉNICE

N'en doutez point, Madame, il va venir.
Mais voulez-vous paraître en ce désordre extrême ?
Remettez-vous, Madame, et rentrez en vous-même[1].
Laissez-moi relever ces voiles détachés,
970 Et ces cheveux épars dont vos yeux sont cachés.
Souffrez que de vos pleurs je répare l'outrage.

BÉRÉNICE

Laisse, laisse, Phénice, il verra son ouvrage.
Et que m'importe, hélas ! de ces vains ornements[2] ?
Si ma foi, si mes pleurs, si mes gémissements ;
Mais que dis-je, mes pleurs ? si ma perte certaine,
Si ma mort toute prête enfin ne le ramène,
Dis-moi, que produiront tes secours superflus,
Et tout ce faible éclat qui ne le touche plus ?

PHÉNICE

Pourquoi lui faites-vous cet injuste reproche ?
980 J'entends du bruit, Madame, et l'empereur
                                        [s'approche,
Venez, fuyez la foule, et rentrons promptement.
Vous l'entretiendrez seul dans votre appartement[3].

Scène 3

TITUS, PAULIN, SUITE

TITUS

De la reine, Paulin, flattez l'inquiétude[4].
Je vais la voir. Je veux un peu de solitude.
Que l'on me laisse.

---

1. Reprenez vos esprits.   2. Et qu'ai-je à faire de ces vains ornements ?   3. La scène reste exceptionnellement vide ici : sur cette
liaison de scène, voir le dossier p. 134-135.   4. Flatter l'inquiétude
de quelqu'un : tenter de l'apaiser

PAULIN

Ô ciel ! que je crains ce combat !
Grands dieux, sauvez sa gloire, et l'honneur de l'État.
Voyons la reine.

Scène 4

TITUS, *seul*

Hé bien, Titus, que viens-tu faire ?
Bérénice t'attend. Où viens-tu, téméraire ?
Tes adieux sont-ils prêts ? T'es-tu bien consulté ?
990 Ton cœur te promet-il assez de cruauté ?
Car enfin au combat, qui pour toi se prépare,
C'est peu d'être constant, il faut être barbare.
Soutiendrai-je ces yeux dont la douce langueur,
Sait si bien découvrir les chemins de mon cœur ?
Quand je verrai ces yeux armés de tous leurs charmes,
Attachés sur les miens, m'accabler de leurs larmes,
Me souviendrai-je alors de mon triste devoir ?
Pourrai-je dire enfin, je ne veux plus vous voir ?
Je viens percer un cœur que j'adore, qui m'aime.
1000 Et pourquoi le percer ? Qui l'ordonne ? Moi-même.
Car enfin Rome a-t-elle expliqué ses souhaits ?
L'entendons-nous crier autour de ce palais ?
Vois-je l'État penchant au bord du précipice ?
Ne le puis-je sauver que par ce sacrifice ?
Tout se tait, et moi seul trop prompt à me troubler,
J'avance des malheurs que je puis reculer.
Et qui sait si sensible aux vertus de la reine
Rome ne voudra point l'avouer pour Romaine [1] ?
Rome peut par son choix justifier le mien [2].
1010 Non, non, encore un coup, ne précipitons rien.
Que Rome avec ses lois mette dans la balance

---

1. La reconnaître officiellement comme Romaine : c'est justement l'idée que Corneille a prêtée au sénat au dernier acte de son *Tite et Bérénice* et qu'il fait refuser avec fierté par Bérénice elle-même.
2. Rome peut rendre mon choix juste (en l'entérinant).

Tant de pleurs, tant d'amour, tant de persévérance,
Rome sera pour nous. Titus, ouvre les yeux.
Quel air respires-tu ? N'es-tu pas dans ces lieux
Où la haine des rois avec le lait sucée,
Par crainte ou par amour ne peut être effacée ?
Rome jugea ta reine en condamnant ses rois.
N'as-tu pas en naissant entendu cette voix ?
Et n'as-tu pas encore ouï la renommée
1020 T'annoncer ton devoir jusque dans ton armée ?
Et lorsque Bérénice arriva sur tes pas,
Ce que Rome en jugeait, ne l'entendis-tu pas ?
Faut-il donc tant de fois te le faire redire ?
Ah lâche ! fais l'amour[1], et renonce à l'empire.
Au bout de l'univers va, cours te confiner,
Et fais place à des cœurs plus dignes de régner.
Sont-ce là ces projets de grandeur et de gloire
Qui devaient dans les cœurs consacrer ma mémoire ?
Depuis huit jours je règne. Et jusques à ce jour
1030 Qu'ai-je fait pour l'honneur ? J'ai tout fait pour
                                                  l'amour.
D'un temps si précieux quel compte puis-je rendre ?
Où sont ces heureux jours que je faisais attendre ?
Quels pleurs ai-je séchés ? Dans quels yeux satisfaits
Ai-je déjà goûté le fruit de mes bienfaits ?
L'univers a-t-il vu changer ses destinées ?
Sais-je combien le ciel m'a compté de journées ?
Et de ce peu de jours si longtemps attendus,
Ah malheureux ! combien j'en ai déjà perdus[2] !
    Ne tardons plus. Faisons ce que l'honneur exige.
1040 Rompons le seul lien...

---

1. Consacre-toi à l'amour. Sur cette tentation pastorale, voir le dossier p. 127-128.   **2.** Ces vers font allusion au comportement historique de Titus, rapporté par Suétone : « [...] un soir, se rappelant, après dîner, qu'il n'avait rien donné de toute la journée, il eut ce mot resté célèbre et dont il fut justement loué : "mes amis, j'ai perdu ma journée" » (*Vies des douze Césars*, Titus, VIII).

Scène 5

TITUS, BÉRÉNICE

BÉRÉNICE, *en sortant*

    Non, laissez-moi, vous dis-je.
En vain tous vos conseils me retiennent ici.
Il faut que je le voie[1]. Ah ! Seigneur, vous voici !
  Hé bien, il est donc vrai que Titus m'abandonne ?
Il faut nous séparer. Et c'est lui qui l'ordonne.

TITUS

N'accablez point, Madame, un prince malheureux ;
Il ne faut point ici nous attendrir tous deux.
Un trouble assez cruel m'agite et me dévore,
Sans que des pleurs si chers me déchirent encore.
Rappelez bien plutôt ce cœur, qui tant de fois
1050 M'a fait de mon devoir reconnaître la voix.
Il en est temps. Forcez votre amour à se taire,
Et d'un œil que la gloire et la raison éclaire[2],
Contemplez mon devoir dans toute sa rigueur.
Vous-même contre vous fortifiez mon cœur.
Aidez-moi, s'il se peut, à vaincre ma faiblesse,
À retenir des pleurs qui m'échappent sans cesse.
Ou si nous ne pouvons commander à nos pleurs,
Que la gloire du moins soutienne nos douleurs,
Et que tout l'univers reconnaisse sans peine
1060 Les pleurs d'un empereur, et les pleurs d'une reine.
Car enfin, ma Princesse, il faut nous séparer.

---

 1. Ces paroles s'adressent à Paulin, qui avait pour mission de retenir Bérénice dans son appartement pour permettre à Titus de débattre avec lui-même (v. 983-984). L'impatience de Bérénice permet ainsi d'interrompre « naturellement » le monologue de Titus au moment où celui-ci s'était confirmé dans sa décision. Même procédé en V, 5, où Bérénice se précipite encore hors de son appartement, fuyant cette fois Titus lui-même (après avoir laissé le temps à Antiochus de s'exprimer dans un court monologue). 2. Latinisme : le verbe s'accorde avec le sujet le plus rapproché.

BÉRÉNICE

Ah cruel ! Est-il temps de me le déclarer ?
Qu'avez-vous fait ? Hélas ! Je me suis crue aimée.
Au plaisir de vous voir mon âme accoutumée
Ne vit plus que pour vous. Ignoriez-vous vos lois,
Quand je vous l'avouai pour la première fois ?
À quel excès d'amour m'avez-vous amenée ?
Que ne me disiez-vous, Princesse infortunée,
Où vas-tu t'engager, et quel est ton espoir ?
1070 Ne donne point un cœur, qu'on ne peut recevoir.
Ne l'avez-vous reçu, cruel, que pour le rendre
Quand de vos seules mains ce cœur voudrait

[dépendre ?

Tout l'empire a vingt fois conspiré contre nous.
Il était temps encor. Que ne me quittiez-vous ?
Mille raisons alors consolaient[1] ma misère.
Je pouvais de ma mort accuser votre père,
Le peuple, le sénat, tout l'empire romain,
Tout l'univers plutôt qu'une si chère main.
Leur haine dès longtemps contre moi déclarée,
1080 M'avait à mon malheur dès longtemps préparée.
Je n'aurais pas, Seigneur, reçu ce coup cruel
Dans le temps que j'espère un bonheur immortel,
Quand votre heureux amour peut tout ce qu'il désire,
Lorsque Rome se tait, quand votre père expire,
Lorsque tout l'univers fléchit à vos genoux,
Enfin quand je n'ai plus à redouter que vous.

TITUS

Et c'est moi seul aussi qui pouvais me détruire.
Je pouvais vivre alors, et me laisser séduire[2].
Mon cœur se gardait bien d'aller dans l'avenir
1090 Chercher ce qui pouvait un jour nous désunir.
Je voulais qu'à mes vœux rien ne fût invincible,
Je n'examinais rien, j'espérais l'impossible.
Que sais-je ? J'espérais de mourir à vos yeux,
Avant que d'en venir à ces cruels adieux.

—————

1. Pouvaient alors consoler.   2. Tromper, abuser.

Les obstacles semblaient renouveler ma flamme,
Tout l'empire parlait. Mais la gloire, Madame,
Ne s'était point encor fait entendre à mon cœur
Du ton dont elle parle au cœur d'un empereur.
Je sais tous les tourments où ce dessein me livre.
1100 Je sens bien que sans vous je ne saurais plus vivre,
Que mon cœur de moi-même est prêt à s'éloigner,
Mais il ne s'agit plus de vivre, il faut régner.

BÉRÉNICE

Hé bien ! régnez, cruel, contentez votre gloire.
Je ne dispute plus. J'attendais, pour vous croire,
Que cette même bouche, après mille serments
D'un amour, qui devait unir tous nos moments,
Cette bouche à mes yeux s'avouant infidèle,
M'ordonnât elle-même une absence éternelle.
Moi-même j'ai voulu vous entendre en ce lieu.
1110 Je n'écoute plus rien, et pour jamais Adieu.
Pour jamais ! Ah Seigneur, songez-vous en vous-même
Combien ce mot cruel est affreux quand on aime ?
Dans un mois, dans un an, comment souffrirons-nous,
Seigneur, que tant de mers me séparent de vous ?
Que le jour recommence et que le jour finisse,
Sans que jamais Titus puisse voir Bérénice,
Sans que de tout le jour je puisse voir Titus ?
Mais quelle est mon erreur, et que de soins perdus [1] !
L'ingrat de mon départ consolé par avance,
1120 Daignera-t-il compter les jours de mon absence ?
Ces jours si longs pour moi lui sembleront trop courts.

TITUS

Je n'aurai pas, Madame, à compter tant de jours.
J'espère que bientôt la triste Renommée
Vous fera confesser que vous étiez aimée.
Vous verrez que Titus n'a pu sans expirer...

---

1. Voir la note du v. 270.

BÉRÉNICE

Ah Seigneur ! s'il est vrai, pourquoi nous séparer ?
Je ne vous parle point d'un heureux hyménée :
Rome à ne vous plus voir m'a-t-elle condamnée ?
Pourquoi m'enviez-vous [1] l'air que vous respirez ?

TITUS

1130 Hélas ! vous pouvez tout, Madame. Demeurez,
Je n'y résiste point. Mais je sens ma faiblesse.
Il faudra vous combattre et vous craindre sans cesse,
Et sans cesse veiller à retenir mes pas,
Que vers vous à toute heure entraînent vos appas.
Que dis-je ? En ce moment mon cœur, hors de lui-
[même
S'oublie, et se souvient seulement qu'il vous aime.

BÉRÉNICE

Hé bien, Seigneur, hé bien, qu'en peut-il arriver ?
Voyez-vous les Romains prêts à se soulever ?

TITUS

Et qui sait de quel œil ils prendront cette injure ?
1140 S'ils parlent, si les cris succèdent au murmure,
Faudra-t-il par le sang justifier mon choix ?
S'ils se taisent, Madame, et me vendent leurs lois,
À quoi m'exposez-vous ? Par quelle complaisance
Faudra-t-il quelque jour payer leur patience ?
Que n'oseront-ils point alors me demander ?
Maintiendrai-je des lois, que je ne puis garder [2] ?

BÉRÉNICE

Vous ne comptez pour rien les pleurs de Bérénice !

TITUS

Je les compte pour rien ! Ah ciel ! quelle injustice !

---

1. Pourquoi me refusez-vous.   2. Des lois que je ne puis observer
moi-même.

BÉRÉNICE

Quoi, pour d'injustes lois que vous pouvez changer,
1150 En d'éternels chagrins vous-même vous plonger ?
Rome a ses droits, Seigneur. N'avez-vous pas les
                                                [vôtres ?
Ses intérêts sont-ils plus sacrés que les nôtres ?
Dites, parlez.

TITUS

Hélas ! Que vous me déchirez !

BÉRÉNICE

Vous êtes empereur, Seigneur, et vous pleurez[1] ?

TITUS

Oui, Madame, il est vrai, je pleure, je soupire,
Je frémis. Mais enfin quand j'acceptai l'empire,
Rome me fit jurer de maintenir ses droits ;
Il les faut maintenir. Déjà plus d'une fois
Rome a de mes pareils exercé la constance.
1160 Ah ! si vous remontiez jusques à sa naissance,
Vous les verriez toujours à ses ordres soumis[a].
L'un jaloux de sa foi va chez les ennemis
Chercher avec la mort la peine toute prête[2].
D'un fils victorieux l'autre proscrit la tête[3].
L'autre avec des yeux secs, et presque indifférents,

---

1. Depuis le XVIIIe siècle, on a voulu voir dans ce vers une allusion à Marie Mancini. De fait, on pouvait lire dès 1665, dans un pamphlet intitulé *Le Palais-Royal ou les Amours de Mme de Lavallière*, le récit suivant : Marie Mancini « montant en carrosse dit fort spirituellement à son amant : "Vous pleurez, vous êtes roi, et cependant je suis malheureuse, et je pars effectivement." » (cité par G. Couton, Notice de *Tite et Bérénice*, dans Corneille, *Œuvres complètes*, Pléiade, III, p. 1609). Voir notre préface, p. 8-9.   2. Il s'agit du consul Régulus qui, soucieux d'observer la parole donnée (« jaloux de sa foi »), revint en 256 av. J.-C. se constituer prisonnier dans le camp des Carthaginois, et ce, alors même qu'il avait expressément fait échouer la mission pour laquelle les Carthaginois l'avaient envoyé à Rome (négocier le rachat des prisonniers romains).   3. Manlius Torquatus condamna son fils à mort pour avoir attaqué (victorieusement) sans son ordre (340 av. J.-C.).

Voit mourir ses deux fils par son ordre expirants [1].
Malheureux ! Mais toujours la patrie et la gloire
Ont parmi les Romains remporté la victoire.
Je sais qu'en vous quittant le malheureux Titus
1170 Passe l'austérité de toutes leurs vertus ;
Qu'elle n'approche point de cet effort insigne.
Mais, Madame, après tout, me croyez-vous indigne
De laisser un exemple à la postérité,
Qui sans de grands efforts ne puisse être imité ?

BÉRÉNICE

Non, je crois tout facile à votre barbarie.
Je vous crois digne, ingrat, de m'arracher la vie.
De tous vos sentiments mon cœur est éclairci.
Je ne vous parle plus de me laisser ici.
Qui moi ? j'aurais voulu honteuse, et méprisée,
1180 D'un peuple qui me hait soutenir la risée ?
J'ai voulu vous pousser jusques à ce refus.
C'en est fait, et bientôt vous ne me craindrez plus.
N'attendez pas ici que j'éclate en injures [2],
Que j'atteste le ciel, ennemi des parjures.
Non, si le ciel encore est touché de mes pleurs,
Je le prie en mourant d'oublier mes douleurs.
Si je forme des vœux contre votre injustice,
Si devant que [3] mourir, la triste Bérénice
Vous veut de son trépas laisser quelque vengeur,
1190 Je ne le cherche, ingrat, qu'au fond de votre cœur.
Je sais que tant d'amour n'en peut être effacée [4],
Que ma douleur présente, et ma bonté passée,
Mon sang, qu'en ce palais je veux même verser,
Sont autant d'ennemis que je vais vous laisser.

---

1. Brutus, l'un des instaurateurs de la république romaine (VIᵉ siècle av. J.-C.), condamna à mort ses deux fils pour avoir conspiré pour rétablir les Tarquins sur le trône.   2. Contrairement à ce que faisait Hermione face à Pyrrhus (*Andromaque*, IV, 5).   3. Avant de.
4. Toujours féminin au pluriel, le mot *amour*, au singulier, peut être indifféremment masculin ou féminin : ce sont les nécessités de la rime qui en déterminent le genre : il est ici au féminin (comme au v. 1503), partout ailleurs il est au masculin.

Et sans me repentir de ma persévérance,
Je me remets sur eux de toute ma vengeance.
Adieu.

Scène 6

TITUS, PAULIN

PAULIN

Dans quel dessein vient-elle de sortir,
Seigneur ? Est-elle enfin disposée à partir ?

TITUS

Paulin, je suis perdu, je n'y pourrai survivre.
1200 La reine veut mourir. Allons, il faut la suivre.
Courons à son secours.

PAULIN

Hé quoi ? N'avez-vous pas
Ordonné dès tantôt qu'on observe [1] ses pas ?
Ses femmes à toute heure autour d'elle empressées
Sauront la détourner de ces tristes pensées.
Non, non, ne craignez rien. Voilà les plus grands
Seigneur, continuez, la victoire est à vous.   [coups,
Je sais que sans pitié vous n'avez pu l'entendre ;
Moi-même en la voyant je n'ai pu m'en défendre.
Mais regardez plus loin. Songez en ce malheur
1210 Quelle gloire va suivre un moment de douleur,
Quels applaudissements l'univers vous prépare,
Quel rang dans l'avenir.

TITUS

Non, je suis un barbare.
Moi-même, je me hais. Néron tant détesté

---

1. Observer : surveiller.

N'a point à cet excès poussé sa cruauté[1].
Je ne souffrirai point que Bérénice expire.
Allons, Rome en dira ce qu'elle en voudra dire.

PAULIN

Quoi, Seigneur ?

TITUS

Je ne sais, Paulin, ce que je dis.
L'excès de la douleur accable mes esprits.

PAULIN

Ne troublez point le cours de votre renommée.
1220 Déjà de vos adieux[a] la nouvelle est semée.
Rome, qui gémissait, triomphe avec raison.
Tous les temples ouverts fument en votre nom[2].
Et le peuple élevant vos vertus jusqu'aux nues,
Va partout de lauriers couronner vos statues.

TITUS

Ah Rome ! Ah Bérénice ! Ah prince malheureux !
Pourquoi suis-je empereur ? Pourquoi suis-je
                                        [amoureux ?

Scène 7

TITUS, ANTIOCHUS, PAULIN, ARSACE

ANTIOCHUS

Qu'avez-vous fait, Seigneur ? L'aimable Bérénice
Va peut-être expirer dans les bras de Phénice.
Elle n'entend ni pleurs, ni conseil[b], ni raison.

---

1. Exagération poétique : Néron avait fait mourir sa première femme, Octavie, et passait pour avoir lui-même tué la seconde, Poppée, d'un coup de pied dans le ventre alors qu'elle était enceinte et malade.   2. C'est la fumée des sacrifices qui célèbrent la « victoire » (v. 1206) de Titus.

1230 Elle implore à grands cris le fer et le poison.
Vous seul vous lui pouvez arracher cette envie.
On vous nomme, et ce nom la rappelle à la vie.
Ses yeux toujours tournés vers votre appartement
Semblent vous demander de moment en moment.
Je n'y puis résister, ce spectacle me tue.
Que tardez-vous ? Allez[a] vous montrer à sa vue.
Sauvez tant de vertus, de grâces, de beauté,
Ou renoncez, Seigneur, à toute humanité.
Dites un mot.

TITUS
Hélas ! Quel mot puis-je lui dire ?
1240 Moi-même en ce moment sais-je si je respire ?

Scène 8

TITUS, ANTIOCHUS, PAULIN, ARSACE, RUTILE

RUTILE
Seigneur, tous les tribuns, les consuls, le sénat,
Viennent vous demander au nom de tout l'État.
Un grand peuple les suit qui plein d'impatience
Dans votre appartement attend votre présence.

TITUS
Je vous entends, grands Dieux. Vous voulez rassurer
Ce cœur que vous voyez tout prêt à s'égarer.

PAULIN
Venez, Seigneur, passons dans la chambre prochaine,
Allons voir le sénat[b].

ANTIOCHUS
Ah ! courez chez la reine.

PAULIN

Quoi vous pourriez, Seigneur, par cette indignité,
1250 De l'empire à vos pieds fouler la majesté ?
Rome...

TITUS

Il suffit, Paulin, nous allons les entendre,
Prince, de ce devoir je ne puis me défendre.
Voyez la reine. Allez. J'espère à mon retour
Qu'elle ne pourra plus douter de mon amour[1].

---

1. Dans la première édition (1671), l'acte se terminait par la scène
suivante (scène 9 : Antiochus, Arsace) :

ANTIOCHUS

Arsace, que dis-tu de toute ma conduite ?
Rien ne pouvait tantôt s'opposer à ma fuite,
Bérénice et Titus offensaient mes regards,
Je partais pour jamais. Voilà comme je pars.
Je rentre, et dans les pleurs je retrouve la reine.
J'oublie en même temps ma vengeance, et sa haine,
Je m'attendris aux pleurs qu'un rival fait couler.
Moi-même à son secours je le viens appeler ;
Et si sa diligence eût secondé mon zèle,
J'allais victorieux le conduire auprès d'elle.
Malheureux que je suis ! Avec quelle chaleur
J'ai travaillé sans cesse à mon propre malheur !
C'en est trop. De Titus porte-lui les promesses,
Arsace. Je rougis de toutes mes faiblesses.
Désespéré, confus, à moi-même odieux,
Laisse-moi, je me veux cacher même à tes yeux.

ACTE V

Scène première

ARSACE, *seul*

Où pourrai-je trouver ce prince trop fidèle ?
Ciel, conduisez mes pas, et secondez mon zèle.
Faites qu'en ce moment je lui puisse annoncer
Un bonheur où[1] peut-être il n'ose plus penser[2].

Scène 2

ANTIOCHUS, ARSACE

ARSACE

Ah quel heureux destin en ces lieux vous renvoie,
1260 Seigneur ?

ANTIOCHUS

Si mon retour t'apporte quelque joie,
Arsace, rends-en grâce à mon seul désespoir.

---

1. Voir la note du v. 890.   **2.** En supprimant à partir de l'édition de 1676 la dernière scène de l'acte IV (voir la note 1, p. 83), où Antiochus annonçait à Arsace qu'il voulait « se cacher même à [ses] yeux » (envoyant Arsace à sa place voir Bérénice), Racine a créé une légère incohérence. Depuis cette suppression, on doit supposer qu'Antiochus est allé lui-même chez Bérénice, et l'on ne peut plus comprendre la profonde inquiétude exprimée ici par Arsace qui semble désespérer de pouvoir trouver son roi, ni le fait que plus bas (v. 1260) Antiochus parle de son « retour ».

ARSACE
La reine part, Seigneur.

ANTIOCHUS
Elle part ?

ARSACE
Dès ce soir.
Ses ordres sont donnés. Elle s'est offensée
Que Titus à ses pleurs l'ait si longtemps laissée.
Un généreux dépit succède à sa fureur.
Bérénice renonce à Rome, à l'empereur,
Et même veut partir avant que Rome instruite
Puisse voir son désordre, et jouir de sa fuite.
Elle écrit à César[1].

ANTIOCHUS
Ô ciel ! qui l'aurait cru ?
1270 Et Titus ?

ARSACE
À ses yeux Titus n'a point paru.
Le peuple avec transport l'arrête, et l'environne,
Applaudissant aux noms que le sénat lui donne.
Et ces noms, ces respects, ces applaudissements,
Deviennent pour Titus autant d'engagements,
Qui le liant, Seigneur, d'une honorable chaîne,
Malgré tous ses soupirs, et les pleurs de la reine,
Fixent dans son devoir ses vœux irrésolus.
C'en est fait. Et peut-être il ne la verra plus.

ANTIOCHUS
Que de sujets d'espoir, Arsace, je l'avoue !
1280 Mais d'un soin si cruel la fortune me joue[2],
J'ai vu tous mes projets tant de fois démentis,

---

1. On retrouve cette lettre entre les mains de Titus aux vers 1355-
1357. Rappelons que César désigne Titus (voir la note 2, p. 32).
2. Mais le destin se joue de moi avec une application si cruelle.

Que j'écoute en tremblant tout ce que tu me dis ;
Et mon cœur prévenu d'une crainte importune,
Croit même, en espérant, irriter la fortune.
Mais que vois-je ? Titus porte vers nous ses pas.
Que veut-il ?

Scène 3

TITUS, ANTIOCHUS, ARSACE

TITUS, *en entrant*
Demeurez, qu'on ne me suive pas[1].
Enfin, Prince, je viens dégager ma promesse[2].
Bérénice m'occupe et m'afflige sans cesse.
Je viens, le cœur percé de vos pleurs et des siens,
1290 Calmer des déplaisirs[3] moins cruels que les miens.
Venez, Prince, venez. Je veux bien que vous-même
Pour la dernière fois vous voyiez si je l'aime[4].

Scène 4

ANTIOCHUS, ARSACE

ANTIOCHUS
Hé bien ! voilà l'espoir que tu m'avais rendu.
Et tu vois le triomphe où j'étais attendu.
Bérénice partait justement irritée ?

---

1. Titus empêche par ces mots sa suite d'entrer dans le cabinet :
il va se rendre seul dans l'appartement de Bérénice.   2. Je viens
m'acquitter de ma promesse. Mais Antiochus ne comprendra pas de
quelle promesse il s'agit : Racine met ici en place le quiproquo dont
le malheureux roi va être la victime (voir ci-après la note 4).
3. Voir la note du v. 245.   4. Paroles ambiguës qu'Antiochus va
interpréter à contresens dans la scène suivante (il croit que Titus vient
se réconcilier avec Bérénice et que « dernière fois » fait allusion à son
propre départ, alors que Titus annonce son ultime rencontre avec
Bérénice avant le départ de celle-ci).

Pour ne la plus revoir, Titus l'avait quittée ?
Qu'ai-je donc fait, grands Dieux ! Quel cours infortuné
À ma funeste vie aviez-vous destiné ?
Tous mes moments ne sont qu'un éternel passage
1300 De la crainte à l'espoir, de l'espoir à la rage.
Et je respire encor ? Bérénice ! Titus !
Dieux cruels ! de mes pleurs vous ne vous rirez plus [1].

Scène 5

TITUS, BÉRÉNICE, PHÉNICE

BÉRÉNICE

Non, je n'écoute rien. Me voilà résolue.
Je veux partir. Pourquoi vous montrer à ma vue ?
Pourquoi venir encore aigrir mon désespoir ?
N'êtes-vous pas content ? Je ne veux plus vous voir.

TITUS

Mais, de grâce, écoutez.

BÉRÉNICE
                  Il n'est plus temps.

TITUS

                                        Madame,
Un mot.

BÉRÉNICE
      Non.

TITUS
            Dans quel trouble elle jette mon âme !
Ma Princesse, d'où vient ce changement soudain ?

---

1. La scène reste vide ici, sans qu'aucune liaison (ni de vue, ni même de bruit) ne soit assurée.

BÉRÉNICE

1310 C'en est fait. Vous voulez que je parte demain ;
Et moi, j'ai résolu de partir tout à l'heure[1].
Et je pars.

TITUS

Demeurez.

BÉRÉNICE

Ingrat, que je demeure !
Et pourquoi ? Pour entendre un peuple injurieux
Qui fait de mon malheur retentir tous ces lieux ?
Ne l'entendez-vous pas cette cruelle joie,
Tandis que dans les pleurs moi seule je me noie ?
Quel crime, quelle offense a pu les animer ?
Hélas ! et qu'ai-je fait que de vous trop aimer ?

TITUS

Écoutez-vous, Madame, une foule insensée[2] ?

BÉRÉNICE

1320 Je ne vois rien ici dont je ne sois blessée.
Tout cet appartement préparé par vos soins,
Ces lieux, de mon amour si longtemps les témoins,
Qui semblaient pour jamais me répondre du vôtre,
Ces festons[a] où nos noms enlacés l'un dans l'autre,
À mes tristes regards viennent partout s'offrir,
Sont autant d'imposteurs que je ne puis souffrir.
Allons, Phénice.

TITUS

Ô ciel ! Que vous êtes injuste !

---

1. Voir la note du vers 912. 2. Cette « foule insensée » est celle
qui manifeste sa « cruelle joie » (v. 1315) depuis qu'ont été annoncés
les « Adieux » des amants (voir le v. 1220). C'est de manière indirecte
que le « peuple injurieux » (v. 1313) pousse Bérénice à partir.

BÉRÉNICE

Retournez, retournez vers ce sénat auguste
Qui vient vous applaudir de votre cruauté.
1330 Hé bien, avec plaisir l'avez-vous écouté ?
Êtes-vous pleinement content de votre gloire ?
Avez-vous bien promis d'oublier ma mémoire ?
Mais ce n'est pas assez expier vos amours.
Avez-vous bien promis de me haïr toujours ?

TITUS

Non, je n'ai rien promis. Moi, que je vous haïsse !
Que je puisse jamais oublier Bérénice !
Ah dieux ! dans quel moment son injuste rigueur
De ce cruel soupçon vient affliger mon cœur !
Connaissez-moi, Madame, et depuis cinq années
1340 Comptez tous les moments, et toutes les journées
Où par plus de transports [1], et par plus de soupirs,
Je vous ai de mon cœur exprimé les désirs ;
Ce jour surpasse tout. Jamais, je le confesse,
Vous ne fûtes aimée avec tant de tendresse,
Et jamais...

BÉRÉNICE

Vous m'aimez, vous me le soutenez.
Et cependant je pars, et vous me l'ordonnez ?
Quoi ! dans mon désespoir trouvez-vous tant de
[charmes ?
Craignez-vous que mes yeux versent trop peu de
Que me sert de ce cœur l'inutile retour ?   [larmes ?
1350 Ah cruel ! par pitié, montrez-moi moins d'amour.
Ne me rappelez point une trop chère idée.
Et laissez-moi du moins partir persuadée
Que déjà de votre âme exilée en secret,
J'abandonne un ingrat qui me perd sans regret.

---

1. Rappelons que les *transports* sont les marques d'une violente
émotion.

« Vous cherchez à mourir ? Et de tout ce que j'aime
Il ne restera plus qu'un triste souvenir ? »

Il lit une lettre[1].

Vous m'avez arraché ce que je viens d'écrire.
Voilà de votre amour tout ce que je désire.
Lisez, ingrat, lisez, et me laissez sortir.

TITUS

Vous ne sortirez point, je n'y puis consentir.
Quoi ? ce départ n'est donc qu'un cruel stratagème ?
1360 Vous cherchez à mourir ? Et de tout ce que j'aime
Il ne restera plus qu'un triste souvenir ?
Qu'on cherche Antiochus, qu'on le fasse venir.

Bérénice se laisse tomber sur un siège.

Scène 6

TITUS, BÉRÉNICE

TITUS

Madame, il faut vous faire un aveu véritable.
Lorsque j'envisageai le moment redoutable
Où pressé par les lois d'un austère devoir
Il fallait pour jamais renoncer à vous voir ;
Quand de ce triste adieu je prévis les approches,
Mes craintes, mes combats, vos larmes, vos reproches,
Je préparai mon âme[a] à toutes les douleurs
1370 Que peut faire sentir le plus grand des malheurs.
Mais quoi que je craignisse, il faut que je le die,
Je n'en avais prévu que la moindre partie.
Je croyais ma vertu moins prête à succomber,
Et j'ai honte du trouble où je la vois tomber.
J'ai vu devant mes yeux Rome entière assemblée,

---

1. Sur cette lettre, voir le vers 1269. On voit d'après la *Critique de Bérénice* qu'à la création Titus lisait à haute voix cette lettre dans laquelle Bérénice annonçait sa mort, mais que cette lecture orale disparut dès la seconde représentation : « Les Comédiens ont été d'avis de supprimer ce billet funèbre à la seconde représentation. »

Le sénat m'a parlé. Mais mon âme accablée
Écoutait sans entendre, et ne leur a laissé,
Pour prix de leurs transports, qu'un silence glacé.
Rome de votre sort est encore incertaine.
1380 Moi-même à tous moments je me souviens à peine
Si je suis empereur, ou si je suis Romain.
Je suis venu vers vous sans savoir mon dessein.
Mon amour m'entraînait, et je venais peut-être
Pour me chercher moi-même, et pour me reconnaître.
Qu'ai-je trouvé ? Je vois la mort peinte en vos yeux.
Je vois pour la chercher que vous quittez ces lieux.
C'en est trop. Ma douleur à cette triste vue
À son dernier excès est enfin parvenue.
Je ressens tous les maux que je puis ressentir.
1390 Mais je vois le chemin par où j'en puis sortir.
   Ne vous attendez point, que las de tant d'alarmes,
Par un heureux hymen je tarisse vos larmes.
En quelque extrémité que vous m'ayez réduit,
Ma gloire inexorable à toute heure me suit.
Sans cesse elle présente à mon âme étonnée [1]
L'empire incompatible avec votre hyménée,
Me dit, qu'après l'éclat et les pas[a] que j'ai faits,
Je dois vous épouser encor moins que jamais.
   Oui, Madame. Et je dois moins encore vous dire
1400 Que je suis prêt pour vous d'abandonner l'empire,
De vous suivre, et d'aller trop content de mes fers
Soupirer avec vous au bout de l'univers.
Vous-même rougiriez de ma lâche conduite.
Vous verriez à regret marcher à votre suite
Un indigne empereur sans empire, sans cour,
Vil spectacle aux humains des faiblesses d'amour[2].
   Pour sortir des tourments, dont mon âme est la
Il est, vous le savez, une plus noble voie ;   [proie.

---

1. Mon âme frappée de stupeur, interdite.   2. C'est à cette tentation pourtant que le Titus de Corneille s'abandonnait à deux reprises
(voir *Tite et Bérénice*, III, 5, v. 1027-1030 et V, 4, v. 1639-1642). S'il
n'en connaissait pas le détail, probablement Racine connaissait-il la
trame de la pièce de Corneille.

Je me suis vu, Madame, enseigner ce chemin
1410 Et par plus d'un héros, et par plus d'un Romain,
Lorsque trop de malheurs ont lassé leur constance,
Ils ont tous expliqué cette persévérance
Dont le sort s'attachait à les persécuter,
Comme un ordre secret de n'y plus résister.
Si vos pleurs plus longtemps viennent frapper ma vue,
Si toujours à mourir je vous vois résolue,
S'il faut qu'à tous moments[a] je tremble pour vos jours,
Si vous ne me jurez d'en respecter le cours ;
Madame, à d'autres pleurs vous devez vous attendre.
1420 En l'état où je suis je puis tout entreprendre,
Et je ne réponds pas que[1] ma main à vos yeux
N'ensanglante à la fin nos funestes adieux.

BÉRÉNICE

Hélas !

TITUS

Non, il n'est rien dont je ne sois capable.
Vous voilà de mes jours maintenant responsable.
Songez-y bien, Madame. Et si je vous suis cher...

Scène dernière
TITUS, BÉRÉNICE, ANTIOCHUS

TITUS

Venez, Prince, venez, je vous ai fait chercher[2],
Soyez ici témoin de toute ma faiblesse.
Voyez si c'est aimer avec peu de tendresse.
Jugez-nous[b].

---

1. Voir la note du vers 414.   2. Pour la rime, *chercher* devrait être prononcé comme *cher* : voir la note du v. 270.

L'aveu de Antiochus.

ANTIOCHUS

Je crois tout. Je vous connais tous deux.
1430 Mais connaissez vous-même un prince malheureux[a].
Vous m'avez honoré, Seigneur, de votre estime,
Et moi, je puis ici vous le jurer sans crime,
À vos plus chers amis j'ai disputé ce rang.
Je l'ai disputé même aux dépens de mon sang.
Vous m'avez, malgré moi, confié l'un et l'autre,
La reine son amour, et vous, Seigneur, le vôtre.
La reine, qui m'entend, peut me désavouer.
Elle m'a vu toujours ardent à vous louer,
Répondre par mes soins à votre confidence.
1440 Vous croyez m'en devoir quelque reconnaissance.
Mais le pourriez-vous croire[b] en ce moment fatal,
Qu'un ami si fidèle était votre rival ?

TITUS

Mon rival !

ANTIOCHUS

Il est temps que je vous éclaircisse.
Oui, Seigneur, j'ai toujours adoré Bérénice.
Pour ne la plus aimer, j'ai cent fois combattu.
Je n'ai pu l'oublier, au moins je me suis tu.
De votre changement la flatteuse apparence[1]
M'avait rendu tantôt quelque faible espérance.
Les larmes de la reine ont éteint cet espoir.
1450 Ses yeux baignés de pleurs demandaient à vous voir.
Je suis venu, Seigneur, vous appeler moi-même.
Vous êtes revenu. Vous aimez, on vous aime ;
Vous vous êtes rendu, je n'en ai point douté.
Pour la dernière fois je me suis consulté.
J'ai fait de mon courage une épreuve dernière,
Je viens de rappeler ma raison tout entière.
Jamais je ne me suis senti plus amoureux.
Il faut d'autres efforts pour rompre tant de nœuds.
Ce n'est qu'en expirant que je puis les détruire.

---

1. L'impression trompeuse, l'illusion.

1460 J'y cours. Voilà de quoi j'ai voulu vous instruire.
     Oui, Madame, vers vous j'ai rappelé ses pas.
     Mes soins ont réussi, je ne m'en repens pas.
     Puisse le ciel verser sur toutes vos années
     Mille prospérités l'une à l'autre enchaînées !
     Ou s'il vous garde encore un reste de courroux,
     Je conjure les dieux d'épuiser tous les coups
     Qui pourraient menacer une si belle vie,
     Sur ces jours malheureux que je vous sacrifie.

            BÉRÉNICE, *se levant.*
     Arrêtez. Arrêtez. Princes trop généreux,
1470 En quelle extrémité me jetez-vous tous deux !
     Soit que je vous regarde, ou que je l'envisage [1],
     Partout du désespoir je rencontre l'image.
     Je ne vois que des pleurs. Et je n'entends parler
     Que de trouble, d'horreurs, de sang prêt à couler.

À Titus.

     Mon cœur vous est connu, Seigneur, et je puis dire
     Qu'on ne l'a jamais vu soupirer pour l'empire.
     La grandeur des Romains, la pourpre des Césars,
     N'a point, vous le savez, attiré mes regards.
     J'aimais, Seigneur, j'aimais, je voulais être aimée.
1480 Ce jour, je l'avouerai, je me suis alarmée.
     J'ai cru que votre amour allait finir son cours.
     Je connais mon erreur, et vous m'aimez toujours.
     Votre cœur s'est troublé, j'ai vu couler vos larmes.
     Bérénice, Seigneur, ne vaut point tant d'alarmes,
     Ni que par votre amour l'univers malheureux,
     Dans le temps que Titus attire tous ses vœux,
     Et que de vos vertus il goûte les prémices,
     Se voie en un moment enlever ses délices [2].
     Je crois depuis cinq ans jusqu'à ce dernier jour

---

1. Dans la mesure où c'est Antiochus qu'elle vient d'interrompre,
le « vous » le désigne probablement ; et c'est Titus qu'elle « envisage »
(au sens propre du terme : regarder son visage).   2. Titus était sur-
nommé « amour et délices du genre humain » (Suétone, *Vies des douze
Césars*, Titus, I).

« Adieu. Servons tous trois d'exemple à l'univers. »

1490 Vous avoir assuré d'un véritable amour.
Ce n'est pas tout, je veux en ce moment funeste
Par un dernier effort couronner tout le reste.
Je vivrai, je suivrai vos ordres absolus.
Adieu, Seigneur, régnez, je ne vous verrai plus.

À Antiochus.

Prince, après cet adieu, vous jugez bien vous-même
Que je ne consens pas de quitter ce que j'aime,
Pour aller loin de Rome écouter d'autres vœux.
Vivez, et faites-vous un effort généreux.
Sur Titus, et sur moi, réglez votre conduite.
1500 Je l'aime, je le fuis, Titus m'aime, il me quitte.
Portez loin de mes yeux vos soupirs, et vos fers.
Adieu, servons tous trois d'exemple à l'univers
De l'amour la plus tendre, et la plus malheureuse,
Dont il puisse garder l'histoire douloureuse.
Tout est prêt. On m'attend. Ne suivez point mes
[pas[1].

À Titus.

Pour la dernière fois, adieu, Seigneur.

ANTIOCHUS

Hélas[2] !

---

1. *Pas* doit être prononcé comme *Hélas* au vers suivant (voir la note du v. 270).   2. « On peut être choqué qu'une pièce finisse par un *hélas !* Il fallait être sûr de s'être rendu maître du cœur des spectateurs pour oser finir ainsi » (Voltaire, *Remarques sur Bérénice*).

DOSSIER

COMMENTAIRES

Résumé de la pièce

Acte I. Sitôt entré dans une salle magnifique, qui relie les appartements de l'empereur Titus et de la reine Bérénice, le prince Antiochus envoie son confident Arsace quérir la reine (sc. 1). Resté seul, il frémit à l'idée de voir Bérénice pour la dernière fois : lui vouant un amour silencieux depuis cinq années, il ne peut supporter de la voir épouser Titus le soir même. Doit-il se taire ou parler (sc. 2) ? À son retour, Arsace essaie de le convaincre de différer son départ : Titus s'apprête à le couvrir d'honneurs. Antiochus voudrait lui expliquer ses sentiments (sc. 3), mais Bérénice arrive, radieuse et rassurée : malgré son long silence après la mort de son père Vespasien, Titus l'aime toujours, il doit l'épouser et agrandir son royaume. Antiochus lui fait alors ses adieux, mais finit par lui avouer les vraies raisons de son départ. Choquée dans sa « gloire » et déçue dans son amitié, elle le laisse partir désespéré (sc. 4). À sa confidente Phénice qui regrette ce départ dans l'incertitude de la décision de Titus, Bérénice répond en se grisant de l'image de son amant (sc. 5).

Acte II. Titus paraît en grande pompe au début du second acte, mais renvoie sa suite pour rester seul avec son confident (sc. 1). Il interroge Paulin sur l'opinion de Rome concernant son mariage avec une reine étrangère ; mais le plaidoyer légaliste de Paulin ne choque pas l'empereur qui avait déjà pris, désespéré, la décision de sacri-

fier son amante à Rome et à sa propre gloire (sc. 2).
On annonce Bérénice, et Titus chancelle (sc. 3). Elle
s'interroge sur l'attitude de son amant, se plaint, parle
d'ingratitude, tandis que Titus est incapable de
répondre (sc. 3). Inquiète de sa brusque fuite et de son
silence, elle en cherche les raisons et parvient à se rassurer (sc. 4).

ACTE III. Les deux rôles masculins qui avaient occupé
chacun un acte se rencontrent enfin. Tout en s'étonnant
du départ précipité d'Antiochus, Titus ne lui en
demande pas la raison et le charge d'aller annoncer à
Bérénice qu'il la renvoie et qu'il la lui confie (sc. 1).
Malgré la confiance et les encouragements de son confident Arsace, Antiochus se rappelle les sentiments de
Bérénice à son égard et oscille entre l'espoir et l'inquiétude ; à tout le moins, il décide de ne pas être le porteur
de la mauvaise nouvelle (sc. 2), mais Bérénice entre en
scène à ce moment et force Antiochus à parler ; elle
affecte de ne pas le croire, et le bannit pour toujours de
sa vue avant de sortir effondrée (sc. 3). Accablé sous le
poids de la haine de Bérénice, Antiochus n'attend plus
pour partir que la tombée de la nuit et la confirmation
que la reine n'a pas, par désespoir, cherché à attenter à
ses jours (sc. 4).

ACTE IV. Un bref monologue de Bérénice nous révèle
son profond et douloureux désarroi : Phénice ne revient
pas assez vite lui annoncer que Titus accepte de la rencontrer (sc. 1). Au retour de Phénice, elle refuse de se
laisser apprêter par elle, l'image visible de son désespoir
étant seule en mesure de toucher Titus ; Phénice parvient à l'entraîner dans son appartement, loin des yeux
des courtisans qui accompagnent l'empereur (sc. 2).
Sitôt entré, celui-ci délègue Paulin auprès de Bérénice
et renvoie sa suite (sc. 3), afin de s'interroger, seul, sur
la conduite à tenir : se voyant vaincu d'avance par les
beaux yeux implorants de sa maîtresse, il cherche des
raisons pour revenir sur sa décision, mais son honneur
d'empereur finit par l'emporter sur ses sentiments
d'homme privé (sc. 4). Arrivée éperdue de Bérénice :

affrontement de larmes, Titus, à tout moment prêt à céder devant le chant d'amour de Bérénice, parvient à se hausser à une décision présentée comme « romaine » ; Bérénice, qui s'était déclarée prête à rester comme concubine, retrouve sa fierté et sort en affirmant qu'il ne lui reste pas d'autre issue que la mort (sc. 5). Se jugeant plus barbare que Néron, Titus s'égarerait dans sa douleur si Paulin n'était là pour le rappeler à lui (sc. 6) ; cette douleur, Antiochus vient la porter à son comble par ses reproches et son invite à courir sauver la reine (sc. 7), tandis que tous les corps constitués de Rome font annoncer leur arrivée au palais ; sans hésiter, Titus choisit de les recevoir avant d'aller retrouver Bérénice (sc. 8).

ACTE V. Le dernier acte s'ouvre sur un Arsace heureux en quête de son maître (sc. 1) : Bérénice s'apprête à quitter Rome, annonce-t-il à Antiochus qui n'ose cependant plus s'abandonner à l'espérance (sc. 2). Passant dans l'appartement de la reine, Titus invite Antiochus à contempler pour la dernière fois l'amour qu'il voue à sa maîtresse (sc. 3), ce qu'Antiochus, au désespoir, interprète comme l'annonce de la réconciliation des amants et une allusion à son propre départ ; il sort, décidé à mourir (sc. 4). Bérénice veut partir sans écouter Titus, qui l'aime plus que jamais ; pendant qu'elle lui renouvelle ses reproches, il apprend par la lettre qu'il lui avait arrachée que son départ est feint et qu'elle veut mourir ; il envoie Phénice chercher Antiochus (sc. 5) et explique à Bérénice, en une très longue tirade, ses sentiments, ses raisons d'agir, son souhait de mourir (sc. 6). Pour la première et dernière fois, les trois héros sont réunis : Antiochus avoue à Titus qu'il est son rival et qu'il veut faire le sacrifice de sa vie. Bérénice intervient alors et prononce les mots de la séparation : que tous trois vivent, mais séparés, cultivant le souvenir de leur malheureuse histoire (sc. dernière).

Création et destinée de la pièce

LES DEUX *BÉRÉNICE*

Bérénice a été créée sur la scène de l'Hôtel de Bourgogne le vendredi 21 novembre 1670. Une semaine plus tard, au Palais-Royal, la troupe rivale de Molière, jouait une autre *Bérénice*, celle du plus grand auteur vivant, Corneille, et qui sera publiée sous le nom de *Tite et Bérénice*. La concurrence entre ces deux tragédies a fait couler beaucoup d'encre après la mort des deux poètes : la mode des « parallèles » entre Corneille et Racine, qui ont fleuri au XVIIIᵉ siècle, a conduit à les opposer en tout et à considérer la rencontre entre leurs deux *Bérénice* comme le point culminant de leur confrontation. Du coup, certains ont vite considéré qu'un sujet aussi simple ne pouvait être que racinien, et ont estimé que Corneille était venu se confronter à son jeune rival. Ils ont même imaginé que la célèbre Henriette d'Angleterre, épouse de Monsieur, frère du roi Louis XIV, avait proposé ce sujet à Racine. Mais aucun témoignage contemporain ne vient confirmer ce qui paraît relever de la légende.

Ce à quoi s'en tiennent les textes contemporains, c'est d'une part qu'il s'agit d'une rencontre entre deux pièces traitant du même sujet — du fait de la concurrence entre les théâtres, il y avait eu des dizaines de confrontations de ce type à Paris depuis les années 1630, et il y en aurait d'autres ensuite —, d'autre part qu'il semble bien que ce soit Racine qui ait décidé de porter au théâtre la même histoire que Corneille, comme le reconnaîtra quelques mois après la création un partisan de Racine [1]. Et il est probable selon nous que ce fut à l'instigation de la troupe de l'Hôtel de Bourgogne à qui Corneille venait

---

1. Le Sieur de S*** (abbé de Saint-Ussans) à la fin de sa *Réponse à la Critique de Bérénice* : voir dans Racine, *Œuvres complètes*, éd. G. Forestier, Bibliothèque de la Pléiade, 1999, vol. I, p. 533.

de faire une nouvelle infidélité en proposant sa *Bérénice* à la troupe de Molière[1].

La pièce de Racine resta à l'affiche de novembre 1670 à janvier 1671 : ce fut un très grand succès[2], tandis que la pièce de Corneille, s'il elle eut une honnête carrière[3], céda rapidement dans la faveur du public — en partie sans doute parce que la troupe de Molière était moins appréciée dans les genres sérieux que celle de l'Hôtel de Bourgogne[4]. À voir l'admiration que les contemporains ont porté à l'acteur qui jouait Titus — Floridor, jugé depuis trente ans comme le meilleur acteur de son temps —, et surtout à l'actrice qui représentait Bérénice — la Champmeslé, objet de tous les éloges[5] et accessoirement maîtresse de Racine[6] —, on peut se dire en effet que la destinée de la pièce de Corneille aurait pu être différente si Floridor et la Champmeslé en avaient été les interprètes principaux.

En tout cas, l'engouement pour la *Bérénice* de Racine explique qu'elle ait été choisie pour être représentée

---

1. Pour une présentation complète de l'histoire de cette confrontation, on lira : G. Michaut, *La Bérénice de Racine* ; R. Picard, *La Carrière de Jean Racine*, p. 154-161 ; G. Forestier, Notice de *Bérénice* dans Racine, *Œuvres complètes*, Bibliothèque de la Pléiade, 1999, vol. I, p. 1446-1453. **2.** Interruption au bout de trente représentations sans que le succès se soit démenti, s'il faut en croire Racine dans sa préface. **3.** Vingt-quatre représentations successives, en alternance avec *Le Bourgeois gentilhomme*, mais les recettes déclinèrent rapidement. **4.** Corneille lui-même fera valoir plus tard qu'il avait été desservi par ses acteurs : en 1676, dans un remerciement *Au Roi*, qui venait de faire jouer à Versailles *Cinna*, *Pompée*, *Horace*, *Sertorius*, *Œdipe* et *Rodogune*, il invitait Louis XIV à faire représenter aussi ses dernières pièces, ajoutant ce mot : « Et *Bérénice* enfin trouverait des Acteurs » (*Au Roi*, dans Corneille, *Œuvres complètes*, éd. Georges Couton, Bibliothèque de la Pléiade, 1987, vol. III, p. 1313). **5.** Voir le jugement de La Fontaine : « Qui ne connaît l'inimitable actrice / Représentant ou Phèdre ou Bérénice, / Chimène en pleurs, ou Camille en fureur ? / Est-il quelqu'un que votre voix n'enchante ? / S'en trouve-t-il une autre aussi touchante, / Une autre enfin allant si droit au cœur ? » (prologue de *Belphégor*, *Contes et nouvelles*, V, 7, dans *Œuvres complètes*, Bibliothèque de la Pléiade, Paris, Gallimard, 1954, vol. I, p. 642). **6.** Elle était l'épouse du comédien Champmeslé, qui tenait le rôle d'Antiochus.

devant la cour, au palais des Tuileries, lors de la fête qui suivit le mariage du duc de Nevers et de Mlle de Thianges, le 14 décembre 1670[1], le roi ayant à cette occasion manifesté publiquement sa satisfaction[2].

Ce succès attira à Racine des critiques résumées dans un opuscule intitulé *La Critique de Bérénice* d'un certain abbé de Villars, qui s'en prit huit jours plus tard à la pièce rivale de Corneille (*Critique de la Bérénice du Palais-Royal*). Tandis que Corneille gardait le silence, Racine prit la peine de répondre à son contradicteur dans la préface de sa tragédie, publiée le 24 janvier 1671. Tout en paraissant se contenter d'accabler l'auteur du « libelle » de tout son mépris à la fin de la préface, il développa en fait de longues explications sur ses choix esthétiques qui répondent sans le dire aux attaques de l'abbé de Villars. En outre, il laissa répliquer un de ses partisans, l'abbé de Saint-Ussans, qui publia en mars 1671 une *Réponse à la critique de Bérénice* dans laquelle il contesta les unes après les autres les critiques de Villars.

BÉRÉNICE ET LA POSTÉRITÉ

Bérénice[3] est la tragédie de Racine qui a eu la destinée la plus étrange. Non seulement elle a longtemps provoqué autant d'admiration à la lecture que de réticences à la représentation, mais elle a même été jugée franchement ennuyeuse à certaines époques. Même dans les périodes les plus fastes pour elle, elle est distancée dans la faveur des acteurs et des metteurs en scène (donc du

---

1. Voir la *Gazette de France* du 20 décembre 1671 et la *Lettre en vers à Monsieur* de Robinet, datée du même jour (dans R. Picard, *Nouveau corpus racinianum*, p. 58). 2. Comme le souligne Racine lui-même dans sa dédicace à Colbert (voir p. 19). 3. Elle fut honorée en 1683 d'une parodie, hélas très médiocre, sur la scène des comédiens italiens : cette *Parodie de Bérénice* en cinq scènes, enchâssée dans la comédie en trois actes de Fatouville, *Arlequin Protée*, a été publiée dans le *Théâtre italien* de Gherardi. Arlequin y est Titus, Colombine Bérénice, Scaramouche Paulin. On peut la lire dans *Théâtre français du XVIIe siècle*, éd. J. Truchet et A. Blanc, la Pléiade, 1992, vol. III, p. 255-261.

public ?) par *Phèdre*, et surtout par *Britannicus*, deux fois,
et *Andromaque*, trois fois plus représentées.

Si sa carrière peut être jugée honorable durant le siècle
qui a suivi la création (plus de cent dix représentations à
la Comédie-Française jusqu'en 1770), elle subit un véritable effondrement durant la période suivante (à peine
plus de vingt représentations jusqu'en 1870). Fait significatif : certaines reprises dont on attendait beaucoup, en
1807 (avec Talma) et en 1844 (avec Rachel), se bornèrent
respectivement à deux et à cinq représentations successives. Manifestement, durant les périodes pré-roman-
tique et romantique, on réclamait plus de véhémence
dans le tragique, plus d'exacerbation dans la mélancolie.
On ne s'explique guère autrement que Théophile Gautier
ait estimé en 1844 que le rôle si calmement mélancolique
d'Antiochus était « à peu près nul ».

Tout change à la fin du XIXe siècle : en 1893, Julia Bartet
faisait triompher une Bérénice toute en nuances, frémis-
sements, délicatesse. Effaçant du rôle toute cruauté et
violence, elle répondait infiniment mieux à l'attente nouvelle du public que ne l'avaient fait quelques décennies
plus tôt les tragédiennes romantiques peu à l'aise dans
les rôles qui demandaient surtout de la « tristesse majestueuse ». Le succès fut grand, et durable, puisque Julia
Bartet reprit le rôle quatre-vingts fois durant plus de vingt
ans. Metteurs en scène et comédiens allaient se garder par
la suite de suivre l'interprétation « élégiaque » de Julia
Bartet, imaginant des interprétations violentes ou volup-
tueuses, mais l'œuvre était désormais réhabilitée aux yeux
des interprètes et du public.

Qu'on en juge. Au cours des cinquante dernières
années, *Bérénice* a été représentée environ cent trente
fois sur la seule scène de la Comédie-Française. Et nombreuses sont les mises en scène célèbres, depuis celles de
Gaston Baty en 1946, de Jean-Louis Barrault en 1955,
jusqu'à celle de Klaus Michael Grüber (1984), en passant par les très fameux et très controversés spectacles
de Roger Planchon au Théâtre de la Cité de Villeur-

banne en 1966, et d'Antoine Vitez au Théâtre des Quartiers d'Ivry en 1975 [1].

Mais cette renaissance apportée par le XXe siècle ne semble pas avoir fait entièrement sortir *Bérénice* de son statut de pièce de lecture. On la lit aussi volontiers que *Phèdre*, *Andromaque* ou *Britannicus*, mais elle est représentée non seulement moins souvent, mais surtout moins régulièrement que ces trois œuvres. Comme si son destin était toujours, mais à un rythme très accéléré désormais, de subir des éclipses suivies d'éclatantes renaissances.

Histoire et fiction

MYTHE ET TRAGÉDIE

Parmi les nombreuses difficultés offertes par un tel sujet, il en était une que Racine avait déjà rencontrée et qu'il rencontrerait encore : la conciliation de deux dimensions esthétiques apparemment incompatibles, la dimension mythique et la thématique amoureuse, plus particulièrement de la séparation amoureuse — qui peut facilement prendre un caractère prosaïque.

Dimension mythique, d'une part, due à la qualité des protagonistes. Car s'il s'agit assurément de personnages historiques, ils ne subsistent dans l'histoire de l'humanité que pour des raisons hors de proportion avec leur poids historique. Que retient l'histoire de Titus ? Qu'après avoir participé aux orgies néroniennes, puis commandé l'armée romaine qui mit Jérusalem à sac, il régna avec humanité pendant les deux courtes années de son règne. Impression due sans doute à la relativité de la perception historique : les Romains avaient en mémoire une sanglante succession de princes, tyran-

---

1. La plus notable des mises en scène de la fin du XXe siècle est celle de Christian Rist, donnée au Théâtre de l'Athénée-Louis-Jouvet en 1992. Elle présentait la particularité de faire jouer simultanément par deux acteurs différents les trois rôles principaux.

niques, fous ou cruels (quand ce n'était pas les trois à la fois), et sortaient du pesant gouvernement de Vespasien ; quelques mois plus tard, ils connaîtraient une nouvelle dictature, celle de Domitien. Impression relative, donc, dans un tel contexte, mais qui précisément ne pouvait que déboucher sur le mythe : pour les siècles à venir Titus serait « les délices du genre humain ». Mythe d'autant plus fort qu'il est double, fusionnant celui de l'âge d'or avec celui de la grandeur romaine. Depuis la chute de l'Empire romain, et particulièrement depuis la Renaissance, on n'avait pu réussir à concevoir chose plus idéale en matière politique que Rome gouvernée par un bon prince.

Par là, on comprend que depuis le XVIIᵉ siècle beaucoup aient pu être gênés par cette tragédie, qui confronte le mythe aux affres d'un amour trop humain, sans que le lien entre les deux aspects figure de façon claire dans la donnée. En apparence, on est loin de *Britannicus*, où la tragique histoire d'amour et le mythe sanguinaire sont liés de la manière la plus étroite. Mais il faut regarder les choses de plus près.

Il est vrai que la donnée de la tragédie est prise dans l'histoire : c'est l'*invitus invitam* (malgré lui, malgré elle) que Racine rappelle dans sa préface, et que son énigmatique concision a rendu fameux ; Titus s'est effectivement séparé de Bérénice, et cela, disent les historiens, *malgré qu'il en eût*. Mais historiquement, ce n'était pas grandchose : la tradition romaine, hostile aux rois, et surtout les funestes exemples des amours de César et d'Antoine avec Cléopâtre avaient détourné pour longtemps chaque accédant au principat de toute tentation de gouverner en tenant à ses côtés, légitimement ou non, une reine orientale. Titus se séparant de Bérénice ? il n'y avait pas de quoi fouetter un chat, et les historiens de l'Antiquité latine s'en sont bien gardés. Mais ils n'avaient pas cru pouvoir se dispenser de ce « malgré que » : il y avait après tout de quoi renforcer l'*aura* de cet empereur qui n'avait guère pu faire ses preuves dans un règne si court.

Pour réussir la tragédie, il fallait que la thématique

amoureuse n'aille pas à l'encontre de la dimension mythique ; il fallait que l'*invitus* soit justifié ; que Titus ne se sépare pas d'une maîtresse âgée de cinquante-deux ans, princesse orientale dont on lit en filigrane chez Suétone l'association aux débauches du futur empereur. Pour cela, Racine a haussé Bérénice à la hauteur du mythe de Titus. Bérénice est l'amoureuse parfaite, celle qui n'aime en Titus que l'homme et sa vertu, celle qui est près de mourir d'amour ; en outre, dénuée d'ambition personnelle, elle est celle auprès de qui Titus est devenu vertueux. Le mythe de la princesse orientale auprès de qui le héros risque de s'oublier (l'exemple de Cléopâtre est expressément rappelé aux vers 389-396) s'est effacé devant le mythe pastoral des amours parfaites et de la perfection des amants

LA TRADITION HISTORIQUE

On ne mesurera parfaitement l'approche particulière de Racine qu'en comparant sa manière de traiter le sujet d'une part avec la tradition historique, d'autre part avec la tradition littéraire.

On n'a pas manqué de critiquer le dramaturge pour son Titus : un Titus vraiment fort ou réellement amoureux de Bérénice aurait eu une attitude louis-quatorzienne. Il aurait soumis Rome à ses volontés et — à défaut de l'épouser — aurait gardé Bérénice à ses côtés. Mais que dit Suétone ? Que Titus, qui avait mené jusqu'à la mort de son père une vie dissolue (pêle-mêle : hordes de mignons, orgies, corruption, amour public pour la reine Bérénice qu'il voulait épouser), une vie si dissolue qu'elle faisait redouter que Titus fût « un autre Néron », changea du tout au tout : il ne regarda plus ses mignons, les orgies devinrent d'agréables festins avec des amis choisis, il gouverna avec probité, et il renvoya Bérénice sans attendre. Selon l'histoire, donc, si Titus a pu manifester un rayonnement qu'on pouvait qualifier au XVIIe siècle de louis-quatorzien, c'est au prix d'une

véritable ascèse : et l'une des premières épreuves qu'il
s'est imposées a été le renvoi de Bérénice.

On saisit ici combien Racine a compris en profondeur
la donnée du problème. Dès sa préface, c'est le Titus
parfait qu'il présente à son lecteur, et cela, au prix d'un
véritable montage de citations. Car entre le début et la
fin de la phrase qu'il attribue à Suétone — « Titus, dont
on disait même qu'il avait promis le mariage à la reine
Bérénice, la renvoya aussitôt malgré lui, malgré elle » —,
Racine a escamoté un paragraphe entier. Voici le texte
de l'historien latin :

> Outre sa cruauté, on soupçonnait aussi qu'il avait le goût
> immodéré du plaisir, parce qu'il faisait durer des festins jus-
> qu'à minuit, en compagnie des plus dissipés de ses amis ;
> on en pensait autant de ses mœurs, à cause de ses hordes
> de mignons et d'eunuques *et aussi en raison de son amour
> connu de tous pour la reine Bérénice, à qui même, dit-on, il avait
> promis le mariage.* On le soupçonnait d'avarice parce que
> tout le monde savait que, dans les procès soumis à son père,
> il avait coutume de demander des pots-de-vin et de se faire
> payer ; enfin, on pensait et on disait ouvertement que ce
> serait un autre Néron.
>
> Mais cette réputation finit par le servir et se changea en
> de très grandes louanges, lorsqu'on ne découvrit en lui
> aucun vice, mais au contraire les plus grandes qualités. Il
> donna des festins plus agréables que coûteux. Il choisit des
> amis qui furent approuvés, même après lui, par les princes,
> qui les jugèrent indispensables à eux-mêmes et à l'État, et
> continuèrent à les avoir auprès d'eux. *Bérénice, il la renvoya
> aussitôt de Rome malgré lui, malgré elle*[1].

On le voit, l'allusion à la promesse de mariage à Bérénice était liée aux autres débordements de Titus, tandis
que le renvoi de la reine n'est que l'une des illustrations
de sa métamorphose morale. En nous donnant à voir les
douloureuses conséquences d'une séparation nécessaire,
Racine mettait en scène non point la soumission d'un
prince trop faible, ou le renvoi d'une femme qu'il n'ai-

---

1. Traduction de Pierre Grimal, Le Livre de Poche, 1973 ; les passages en italiques sont soulignés par nous.

mait plus vraiment, mais les ultimes douleurs de la métamorphose d'un homme en prince.

Il s'agit là d'une fidélité, si ce n'est à la lettre de l'histoire [1], du moins à l'esprit de l'histoire, en même temps que d'une véritable innovation dans le paysage littéraire français du XVIIe siècle. Que l'on songe au plus fameux précédent dans la métamorphose morale que constitue *Cinna* de Corneille. Une bonne part de l'intérêt de la pièce tient à ce que l'on assiste à la métamorphose d'Auguste, qui délaisse définitivement le masque sanglant d'Octave pour *devenir* le prince sage et clément dont l'image est passée à la postérité. Plus récemment, Boyer avait montré dans une magnifique tragédie, *Oropaste* (1662), un imposteur, sosie d'un roi défunt, s'efforcer désespérément de *devenir* le roi : il y serait parvenu si son incapacité à renoncer à un amour antérieur à son accession au trône ne l'avait conduit à sa perte. Métamorphose réussie, métamorphose manquée : ces deux œuvres sont parfaitement représentatives de la tragédie du XVIIe siècle français en ce qu'elles nous présentent le changement en action. Déjà dans *Britannicus*, la tragédie qui précède immédiatement *Bérénice*, un pas était franchi : Néron est un « monstre naissant », et l'on assiste moins à la naissance du monstre qu'à sa publique révélation. Avec *Bérénice*, Racine est allé au bout des choses. Tout est consommé et ce ne sont plus que les conséquences psychologiques d'une métamorphose achevée et d'un acte accompli.

LA TRADITION LITTÉRAIRE

L'histoire de Titus et de Bérénice a inspiré plusieurs auteurs du XVIIe siècle. Tout d'abord le père Le Moyne, dont *Les Peintures morales où les passions sont représentées par tableaux, par caractères et par questions nouvelles et curieuses* (1640-1643) ont joui d'une célébrité extraordi-

---

1. Nous revenons sur ce point dans le développement consacré à « l'écriture de l'histoire », p. 115-118.

naire. Ensuite Scudéry (sans qu'on sache si l'auteur est Georges, poète et dramaturge, ou sa sœur Madeleine, romancière, ou les deux) : dans un ouvrage intitulé *Les Femmes illustres ou les Harangues héroïques* (1642), Scudéry avait déjà raconté les larmes de Titus et de Bérénice lors de leur séparation. Apparemment, on est loin de Racine : monologue fortement rhétorique, prononcé par la seule Bérénice, référence à un contexte historique différent[1], point de vue exclusif de l'héroïne. Néanmoins, comme si le thème de la séparation l'imposait, quel que soit le genre littéraire cultivé, l'élégie affleure :

> Il est certain que vos larmes diminuent l'amertume des miennes, et qu'en l'état qu'est mon âme, je ne puis avoir de sentiment plus doux que de vous voir infiniment affligé. [...] Je pars la plus malheureuse personne qui fut jamais.

Quelles que soient les différences avec la pièce de Racine, on ne saurait trop souligner le rôle capital d'intermédiaire joué par *Les Femmes illustres* : en prolongeant les *Héroïdes* d'Ovide, dont il est une imitation, ce recueil contribuait à rapprocher Bérénice séparée de Titus de toutes ces héroïnes séparées de leurs amants ou de leurs maris qu'avait chantées Ovide, et parmi lesquelles figurait justement Didon écrivant à Énée (et aussi Phèdre à Hippolyte, Ariane à Thésée, Médée à Jason).

Parmi les autres précédents, on doit citer aussi la tragi-comédie d'un certain Le Vert, *Aricidie ou le mariage de Tite* (1646). Mais on ne voit pas ce qu'elle aurait pu apporter à Racine. Titus y est amoureux d'une autre jeune fille, Aricidie, et Bérénice y est à peine mentionnée. Bien plus, le fond de l'histoire est même proprement inversé. Là où l'une des raisons du premier exil de Bérénice était sa qualité de princesse *étrangère*, Le Vert imagine que Vespasien préfère pour son fils une princesse étrangère, Zaratte, à la vraie Romaine qu'est Aricidie. Quant à l'intrigue et au dénouement, ils sont conformes à l'esprit de la tragi-comédie du XVIIe siècle français : c'est à la faveur d'un déguisement, celui d'Ari-

---

1. Sur ce point, voir plus loin, p. 117.

cidie en Zaratte, que les deux amants peuvent réaliser leur vœu de se marier en dépit de la volonté de Vespasien ; et tout s'arrange à la fin, et notamment la colère de Vespasien, lorsque Zaratte accepte d'épouser Domitien.

On fait un pas de plus dans l'invraisemblance avec la tragi-comédie de Magnon intitulée *Tite* (1660). Fidèle à l'esprit du genre de la tragi-comédie, Magnon termine sa pièce sur un mariage, mais c'est le mariage entre Titus et Bérénice ! Encore cela est-il la moindre des choses. Toute la pièce repose sur la mise en présence des deux amants. Car Bérénice ne cesse pas d'être auprès de Titus, sans que personne le sache et que lui-même la reconnaisse : travestie en jeune prince oriental, Cléobule, et par là devenu(e) le confident de l'empereur, elle cherche à rappeler constamment à sa mémoire l'image et l'amour de la reine absente, et à le détourner du mariage romain auquel ses conseillers le destinent. Elle doit en outre repousser la jeune fille que Titus voudrait lui voir épouser. Si extravagante qu'une telle donnée nous paraisse aujourd'hui, on peut penser toutefois que Magnon a dû la concevoir comme un tour de force : très fréquent sur la scène française depuis un siècle, ce thème de la jeune fille abandonnée qui se travestit en homme pour approcher et reconquérir son amant, était un thème de comédie, passé dans la tragi-comédie ; mais nul n'avait osé jusqu'alors l'associer à un sujet historique.

On voit que, face à cette conception très imaginative de l'histoire, les libertés prises par Racine sont presque négligeables. Du moins il n'est pas sorti du cadre de la vraisemblance, comme le montre le traitement du rôle d'Antiochus. Certes en 79, il ne faisait que traîner à Rome l'existence d'un souverain oriental dépossédé de son royaume [1], et il ne paraît pas qu'il ait quitté Rome à l'avènement de Titus ; il ne paraît pas non plus qu'il ait été l'ami de celui-ci. Tout ce dont on est sûr, c'est qu'il était à ses côtés au siège de Jérusalem, où sa conduite

---

1. En 73, Vespasien, le père de Titus avait transformé le royaume de Commagène en province romaine.

fut loin d'être aussi glorieuse que l'assurent les personnages de *Bérénice*. L'essentiel de ce rôle est donc inventé,
mais tout est possible — ce qui est parfaitement
conforme à l'esprit de la tragédie classique.

Étude dramaturgique

LES DEUX *BÉRÉNICE* :
UNE MÊME HISTOIRE, DEUX SUJETS DIFFÉRENTS

On lit dans la *Bérénice* de Corneille cet aveu déchirant
prononcé par l'empereur :

> Dès que ma flamme expire, un mot la fait renaître,
> Et mon cœur malgré moi rappelle un souvenir
> Que je n'ose écouter, et ne saurais bannir.
> Ma raison s'en veut faire en vain un sacrifice,
> Tout me ramène ici, tout m'offre Bérénice,
> Et même je ne sais par quel pressentiment,
> Je n'ai souffert personne en son Appartement,
> Mais depuis cet Adieu si cruel et si tendre,
> Il est demeuré vide et semble encor l'attendre.
>
> (Corneille, *Tite et Bérénice*, II, 1, v. 448-456)

On voit qu'il est fait état d'une première séparation entre
les amants, à laquelle Racine ne fera même pas allusion.
Une première fois, sous le principat de Vespasien, Bérénice avait dû effectivement se séparer de Titus, qui avait
cédé à la réprobation de Rome et à la pression de son
père Vespasien. Or Suétone s'était abstenu de rapporter
ce premier déchirement, résultat de pressions exté-
rieures : tout à son désir de grandir le onzième César, il
n'a retenu que le renvoi de Bérénice par le Titus empereur, insistant sur le caractère admirable de cette unique
rupture. En escamotant ce premier épisode distinct, il a
donc négligé cette information essentielle, transmise par
Dion Cassius, l'historien auquel se réfère Corneille en
tête de son édition de *Tite et Bérénice* :

[Extraits de la vie de Vespasien]

Vespasien est déclaré en son absence empereur par le sénat, tandis que Titus et Domitien sont nommés Césars.

Domitien s'était voué à son amour pour Domitia, fille de Corbulon, et, après l'avoir enlevée à Lucius Lamius Aemilianus, son mari, il la comptait au nombre de ses maîtresses ; ensuite de quoi il l'épousa.

Vers la même époque, Bérénice était dans tout son éclat, ce qui la poussa à venir à Rome avec son frère Agrippa. Tandis que lui fut honoré de la préture, elle s'installa au palais et commença à coucher avec Titus. On s'attendait à ce qu'elle l'épousât, car elle agissait en tout comme si elle était sa femme. Mais Titus, qui comprenait que le Peuple Romain le supportait mal, la répudia, surtout que de graves calomnies couraient sur ce qui se passait.

[Extraits de la vie de Titus]

Titus, dès le moment où il exerça seul le principat, ne commit aucun meurtre et ne fut plus l'esclave de ses amours ; il fut au contraire bienveillant, quand bien même il était l'objet de complots, et continent, en dépit du retour de Bérénice à Rome.

À sa mort, Titus déclara se repentir d'une seule chose, sans révéler ce dont il s'agissait, et comme personne ne sait rien de sûr, chacun imagine une chose différente. Il y eut des bruits concordants, à ce que certains rapportent, que ce fut pour avoir possédé Domitia, la femme de son frère ; d'autres pensent, et je suis de leur avis, que ce fut pour n'avoir pas supprimé Domitien quand il savait qu'il complotait contre lui, et pour avoir préféré le tolérer, et aussi parce qu'il laissait l'Empire romain entre les mains d'un tel homme [1].

Ainsi Bérénice, renvoyée de Rome sous le principat de Vespasien, était revenue après l'accession de Titus au pouvoir suprême, sans parvenir à reconquérir son amant, devenu « continent ».

Seulement, c'est le parti pris de Suétone qui a fait école : à l'exception de l'historien Coëffeteau, les prosa-

---

1. Ce texte est celui non pas de Dion Cassius (perdu), mais de Xiphilin, son abréviateur. Corneille le donne en latin : nous traduisons. Ne donnant que ce qui avait trait à son intrigue, Corneille a pratiqué des coupes dans le texte de l'historien ; il a signalé ces coupes par des changements de paragraphe.

teurs français qui, au XVIIᵉ siècle, se sont livrés à l'« élaboration d'un couple exemplaire », pour reprendre la formule de Georges Couton[1], n'y ont pas regardé de près. Tout à la construction du mythe de la séparation contrainte et acceptée de deux amants parfaits, ils ont préféré la version selon laquelle les deux amants se sont séparés une fois pour toutes, certains même suivant aveuglément Suétone en mettant la séparation au compte du Titus tout-puissant, et non du Titus encore soumis à son père. Racine ne s'est pas posé plus de questions que le père Le Moyne ni que Scudéry[2] : au mythe littéraire de la séparation de Didon et d'Énée faisait désormais pendant le mythe historique de la séparation de Bérénice et de Titus devenu sujet de littérature morale et de littérature élégiaque. Dans les deux cas *une seule* séparation, ce qui la rend exemplaire.

Corneille, pour sa part, a préféré la « vraie » version historique : s'approcher au plus près de l'histoire — avec tout ce que cela signifie pour un auteur de tragédie[3] —, c'était rester plus que jamais fidèle à soi. D'ailleurs Coëffeteau, dont l'*Histoire romaine* (1623) fait la synthèse des différents historiens anciens, n'a pas omis de signaler la première séparation. L'*Histoire romaine* était dans toutes les bibliothèques, et elle a fourni bien souvent la base des recherches historiques auxquelles s'est livré Corneille avant d'élaborer ses pièces[4]. Dès lors, en construisant son intrigue sur une ultime séparation des amants qui succédait à un premier renvoi de Bérénice, il se montrait fidèle à la vulgate historique. Mais tel est le paradoxe dont Corneille et sa pièce ne cessent d'être victimes depuis trois siècles : c'est cette fidélité même qui est la cause indirecte

---

1. Dans sa Notice de la pièce de Corneille (éd. cit., vol. III, p. 1598 et suivantes).   2. Sur ces deux auteurs, voir plus haut, p. 112-113.   3. C'est-à-dire fidélité envers les très grandes lignes de l'événement historique (ce que Corneille appelle « l'action principale »), et liberté dans les détails aussi bien que dans les acheminements aux événements principaux (« les circonstances »).   4. Il fait référence à cet ouvrage dès la préface de *Polyeucte* (1643 ; éd. cit., vol. I, p. 978).

de la médiocre estime en laquelle la pièce a été tenue [1] jusqu'à une époque très récente. Face au duo élégiaque de la *Bérénice* de Racine, on a souvent reproché à Corneille d'avoir recherché la complication en inventant un quatuor amoureux et en croisant les relations de Bérénice et de Titus avec les amours de Domitia et de Domitien. Or, comme on a pu le lire plus haut, ce quatuor figure dans la narration de Xiphilin, dont Corneille s'est borné à mettre les différents éléments en relation étroite selon les usages en vigueur au XVIIe siècle, et cette intrigue à quatre personnages découle comme nécessairement de l'absence temporaire de Bérénice, une première fois exilée de Rome. Tel est donc le paradoxe : à cause du contre-exemple racinien, la fidélité de Corneille a été qualifiée d'infidélité.

Dès lors, l'une des différences essentielles entre les deux *Bérénice* tient au fait que, tout en racontant l'une et l'autre la séparation définitive de Titus et de Bérénice, elles ne traitent pas le même épisode. Racine, en choisissant la version mythique issue de Suétone, qui faisait fi de la chronologie, a raconté comment Titus *est parvenu à renvoyer* Bérénice, une fois pour toutes. De son côté Corneille, en s'attachant à la chronologie historique, a montré pour quelles raisons et de quelle manière Titus, séparé une première fois de Bérénice sous le principat de son père, *est resté « continent »*, comme dit l'historien, face au retour de Bérénice. Ainsi l'épisode porté au théâtre par Corneille — la situation créée par le retour de la reine — succède à l'épisode mis en scène par Racine — les conditions du renvoi —, alors même qu'ils sont censés l'un et l'autre se tenir au même moment décisif, les premiers temps de l'accession de Titus au principat. Autrement dit, où finit *Bérénice*, commence *Tite et Bérénice* [2]. Une même histoire, celle de Titus et de Bérénice, mais deux sujets différents.

---

1. Pour ne pas dire plus : le XVIIIe siècle a été particulièrement sévère avec les œuvres de la « vieillesse » de Corneille et le mal a été profond et durable. 2. Pour plus de détails sur la comparaison entre les deux pièces, voir G. Forestier, « Où finit *Bérénice* commence *Tite et Bérénice* », dans *Onze études sur la vieillesse de Pierre Corneille. Mélanges*

L'ÉLABORATION DE L'ACTION

Racine a-t-il su dans quelle direction Corneille avait choisi de son côté de porter cette histoire au théâtre ? Il se détermina pour sa part à réduire son sujet à la séparation elle-même. Et l'auteur de la *Critique de Bérénice* d'ironiser :

> Toute cette pièce, si l'on y prend garde, n'est que la matière d'une scène, où Titus voudrait quitter Bérénice [...]. N'est-il pas plus adroit, sans aller s'embarrasser d'incidents, d'avoir ménagé cette scène et d'en avoir fait cinq actes ? Premièrement, on se délivre par ce stratagème de la fatigue que donnait à Sophocle le soin de conserver l'unité d'action dans la multiplicité des incidents ; car à peine y a-t-il une action ici, bien loin d'y en avoir plusieurs, et on n'a que faire de craindre que la règle des vingt-quatre heures n'y soit pas gardée ; sans le prince de Comagène qui est naturellement prolixe en lamentations et en irrésolutions, et qui a toujours un *toutefois* et un *hélas* de poche pour amuser le théâtre, il est certain que toute cette affaire s'expédierait en un quart d'heure et que jamais action n'a si peu duré [1].

Bérénice serait en somme un dénouement transformé en action dramatique. Ce qui, ironie mise à part, n'est pas faux. La plupart des tragédies classiques françaises sont élaborées à partir du dénouement conçu comme point de départ : élaborer une action dramatique revient à construire à rebours un enchaînement de causes et d'effets conduisant à ce dénouement [2]. Ainsi dans *Bérénice*, Racine s'est simplement livré à une expérience limite, comme le souligne la citation latine qui ouvre la préface et qui est la réduction en une seule phrase de deux paragraphes de Suétone : cette phrase présente le dénouement — Titus renvoya Bérénice malgré lui,

---

à la mémoire de Georges Couton, Klincksieck, 1994, p. 53-75 ; repris dans G. Forestier, *Corneille. Le sens d'une dramaturgie*, SEDES, 1998.
  1. Abbé de Villars, *La Critique de Bérénice*, dans Racine, *Œuvres complètes*, éd. cit., 1999, vol. I, p. 517.   **2.** Pour plus de détails, voir G. Forestier, « Dramaturgie racinienne (Petit essai de génétique théâtrale) », *Littératures classiques*, 26, 1996, p. 14-38.

malgré elle — et une situation antérieure : il avait promis le mariage à celle qu'il renvoie. En schématisant, on peut donc dire que l'action de *Bérénice* réside dans la manière dont l'empereur a pu annoncer son renvoi à la reine en dépit de sa promesse et de leur amour mutuel, et dans la manière dont celle-ci a pu recevoir une telle décision aussi inattendue que paradoxale.

Telle est la gageure de *Bérénice* sur laquelle insiste Racine dans sa préface en soulignant que « toute l'invention consiste à faire quelque chose de rien », retournant ainsi l'attaque de l'abbé de Villars. La gageure est dans le *traitement* d'une action qui ne peut que se réduire à des mots. D'autant plus que, au commencement de la pièce, Titus a déjà pris la décision de se séparer de Bérénice. Mais il n'empêche qu'il y a bien une action : d'une part il n'est pas sûr que tout soit déjà joué (nous sommes conduits à croire qu'à tout moment Titus, malgré sa décision initiale, peut revenir sur elle, choisir d'épouser Bérénice, d'abdiquer ou de se tuer), d'autre part, et surtout, tout n'est pas *dit*.

L'action de la *Bérénice* de Racine paraît donc s'être nouée avec le coup de théâtre du début du second acte : tout laissait supposer que, le deuil de Titus terminé, les amants se marieraient enfin, et Titus annonce le contraire. Notons bien que ce coup de théâtre n'est pas le résultat d'un événement extérieur : c'est un coup de théâtre « d'information » et non « d'action » : la décision a été prise dans les heures qui ont précédé la terrible journée à laquelle nous assistons, il ne restait qu'à l'annoncer (Titus : « Voici le temps enfin qu'il faut que je m'explique » v. 343).

Dès lors, de quoi est fait l'acte I qui précède ce coup de théâtre ? Acte d'exposition, il nous présente la situation et les sentiments de deux des trois protagonistes : attente d'événements heureux pour Bérénice (son mariage avec Titus), désespérants pour Antiochus (qui aime en secret la reine). La décision inattendue d'Antiochus (partir pour ne pas voir le mariage de celle qu'il aime), prise bien avant le commencement de la pièce, appartient encore à l'exposition : en outre, en l'absence de Titus, on ne voit pas en quoi cette décision peut influer sur le déroulement prévisible de l'action. Quant à cette absence, qui fait écho au long deuil solitaire qu'il vient de s'imposer, elle crée un effet de suspension : les interrogations et les inquiétudes qui traversent le bonheur espéré de Bérénice seraient-elles justifiées ?

L'acte II est donc l'acte du coup de théâtre : Titus annonce à son confident qu'il a décidé de renvoyer Bérénice. Mais quoique l'action se révèle ainsi brutalement différente de ce que laissait attendre l'exposition, cet acte, comme le précédent, s'achève sur un effet de suspension : tout est décidé certes, mais il faudra attendre le dénouement pour être certain de l'effet de la décision ; d'ici là tout paraît possible, du fait des accès de faiblesse d'un Titus éperdument amoureux qui ne parvient pas à s'exprimer devant Bérénice. Il faut insister sur cette *possibilité* de déviation de l'action. C'est ce qui fait l'action elle-même.

À l'acte III, plaintes de Titus, désarroi d'Antiochus chargé d'annoncer la terrible nouvelle à Bérénice, désarroi puis froide violence de celle-ci, qui cherche à masquer la perte de ses moyens, et, pour finir, fuite d'Antiochus devant le désastre sentimental et psychologique dont il est le témoin impuissant et la victime. Les effets purement théâtraux sont délaissés dans cet acte : tout ce qui arrive découle de la décision de Titus annoncée un acte plus tôt ; tout espoir, toute incertitude même semblent morts ; en apparence il n'y a plus rien à attendre de l'avenir. Ce n'est pas un hasard si Antiochus ne quitte jamais la scène et possède le plus fort temps de parole : il est l'homme des paroles sans effet, ballotté entre les deux amants qui ne se rencontrent pas. Il n'y a plus rien à attendre de l'avenir ; mais, précisément, de quoi sera fait l'avenir ?

L'acte IV est l'acte des monologues et de l'affrontement rhétorique. Le contraste des monologues dévolus à Bérénice et à Titus illustre parfaitement les rapports entre les deux héros. Très court monologue (9 v.) d'une Bérénice égarée, qui attend des mots, des actes qui ne dépendent pas d'elle (si ce n'est de ses pleurs) ; long monologue (53 v.) d'un Titus qui met en balance une décision qu'il a déjà prise, et qui ne semble hésiter que parce qu'il craint de céder devant la conjugaison des larmes et des charmes de Bérénice. La suite de l'acte est à l'image de ce monologue : sur fond d'une décision qui semble irrévocable, l'argumentation de nature « judiciaire » de Bérénice (faite de reproches et de larmes) plonge Titus dans un désarroi de plus en plus profond : sa rhétorique « délibérative » (faite de raisonnements, de justifications, d'explications et d'assurances) n'a d'autre effet que de pousser Bérénice, qui refuse de comprendre, vers un extrémisme suicidaire. Si un effet de suspension se manifeste à nouveau en cette fin d'acte, ce n'est plus l'attitude politique de Titus qui est en cause, mais le comportement, désormais suicidaire, de Bérénice.

L'acte V conduit les trois héros aux portes de la mort. Après une ultime fausse raison d'espérer (V, 2), Antiochus donne le ton : il s'apprête à partir pour mourir. Et Titus, découvrant que Bérénice feint de vouloir quitter Rome pour dissimuler son suicide, avouera qu'il ne lui reste plus d'autre choix que la mort. Et c'est là que réside sans doute le meilleur argument persuasif, que toute la rhétorique déployée en vain jusqu'alors devant Bérénice n'avait pas obtenu. La reine est désormais convaincue du paradoxe qui fonde l'attitude de Titus : il l'aime plus que tout (au point d'être décidé à mourir), mais sa haute conception du métier de souverain lui interdit de passer outre à la loi fondamentale de Rome qui interdit à ses princes d'épouser des reines étrangères. Bérénice peut alors choisir, au prix d'un ultime coup de théâtre, de tracer pour tous les trois la voie la plus digne et la plus difficile : la séparation assumée, conçue comme une mort vivante.

Comparée aux précédentes tragédies de Racine, comparée à celles de Corneille, *Bérénice* peut bien être effectivement considérée comme une œuvre « immobile ». Cependant, à y regarder de près, la différence entre le dénouement et la situation des premiers actes réside dans l'attitude de Bérénice, et cela est fondamental. Passant de l'espoir à l'inquiétude, de la révolte à une fatale résignation, elle finit par assumer le départ auquel elle est contrainte et par dicter à chacun des trois personnages sa conduite. La scène finale du sacrifice, dans laquelle elle joue le rôle moteur, serait impensable au second acte. Elle est l'aboutissement de son propre cheminement psychologique (elle accepte de comprendre ce qu'elle avait refusé de comprendre), mais aussi du cheminement psychologique de Titus, et même de celui d'Antiochus. Au terme de leurs souffrances respectives, tous trois sont passés par la volonté de mourir — de sacrifier leur vie à leur amour —, et, après cette sorte d'expérience de la mort, ils comprennent que le salut et la dignité consiste à accepter un état plus difficile que la mort : une vie sans possibilité de vivre. L'action tragique n'existerait effectivement pas si *Bérénice* n'était qu'un triple lamento. Mais *Bérénice*, c'est le passage d'un état à un autre, passage dans lequel les lamentos ne sont que l'un des éléments (au même titre que les explications, les malentendus et les reproches) qui permettent d'aboutir à une nouvelle situation : d'aboutir, quand il n'est pas possible de souffrir plus en l'absence de toute autre solution, au sacrifice suprême.

Telle est donc l'originalité dramaturgique de *Bérénice* : l'action y est bien présente, mais elle est tout intérieure parce qu'elle est faite de mots, et les événements qui constituent d'ordinaire la trame de l'action sont rejetés dans le passé de la pièce ; le temps lui-même n'est là qu'au passé. Tel est le sens de ces aveux, de ces confidences, de ces rappels qui courent dans les trois premiers actes. Plus qu'une longue exposition poétique, c'est le passé qui se déverse dans la pièce et qui constitue la matière de la crise en établissant l'impasse dans laquelle se trouvent les personnages. Tel est le sens ensuite de ces monologues et de ces discours qui emplissent les deux derniers actes : en tentant de tirer du passé des arguments rationnels (Titus) et des contre-arguments irrationnels (Bérénice), les deux principaux personnages constatent l'échec de la rhétorique, qu'elle soit délibérative (Titus) ou judiciaire (Bérénice), et vivent par là une véritable expérience tragique, celle de l'incommunicabilité dans l'amour. Du coup, le rétablissement de la communication amoureuse constitue lui aussi une ultime expérience tragique : l'acceptation du tragique élégiaque, c'est-à-dire de la séparation amoureuse conçue comme une mort différée.

Structure externe de la tragédie

LES THÈMES

Au regard d'une telle simplicité d'action, l'organisation des thèmes se révèle infiniment plus complexe, ne serait-ce que du fait de leur inévitable hiérarchisation.

Sur un premier plan figurent les thèmes romanesques. C'est le thème du héros qui s'évade de l'amour d'une puissante reine ou d'une enchanteresse — Racine fait lui-même allusion au célèbre épisode de la séparation de Didon et d'Énée dans l'*Énéide* —, thème doublé depuis la fin de la Renaissance par celui du héros qui renonce à l'amour pour une raison qu'il estime plus haute (voir *La Place Royale* et *Polyeucte* de Corneille) ; c'est aussi le thème des amours parfaites, mais impossibles du fait d'une cause extérieure à la volonté des amants (on songe encore à Corneille, avec *Le Cid*, mais aussi à *Roméo et Juliette*). *Bérénice*, c'est en premier lieu la fusion de ces trois thèmes.

D'autre part, se combinant avec les précédents, on découvre des thèmes historiques, appelés par le genre même de la tragédie française classique qui réclame « quelque grand intérêt d'État » (Corneille, *Discours de la tragédie*). C'est le thème de la fiction démocratique du régime impérial romain — l'empereur, c'est d'abord le *princeps*, c'est-à-dire celui qui occupe le premier rang au sénat, dont il n'est officiellement que l'émanation —, d'où le thème précis du souverain qui se croit obligé de respecter l'avis de « Rome » sous peine de passer pour un tyran ; c'est aussi le thème du refus romain du concept de royauté, qui s'exprime ici par le sous-thème de l'interdiction faite aux dirigeants romains d'épouser des reines étrangères. À travers ces deux aspects se profile le thème, *a priori* exclusivement cornélien, de la prééminence de la raison d'État. *Bérénice*, c'est donc aussi la fusion de ces thèmes historiques.

Là-dessus se greffent les thèmes qui permettent de fonder les sentiments contradictoires et douloureux des personnages. Que l'action paraisse progresser malgré tout dans *Bérénice*, fût-ce de manière imperceptible, tient à l'organisation thématique particulière de la pièce qui pourrait se formuler au travers de l'image suivante : comme le jour se dégage lentement des brumes matinales qui empêchent de savoir ce dont il sera fait, l'action de *Bérénice* paraît être un lent déchirement des voiles de l'illusion.

Passons vite sur toutes ces illusions dont Arsace berce régulièrement un Antiochus prêt à tout croire et à douter de tout. Illusion que d'espérer que Bérénice pourrait un jour penser un peu moins à Titus et un peu plus à Antiochus : celui-ci ne découvre-t-il pas cruellement en faisant à la reine le récit de ses malheurs qu'elle n'entend que le bonheur de Titus (v. 225-228, 278) ? Mais l'amour n'a pas terminé son rôle de pourvoyeur des illusions : au cinquième acte encore, Antiochus pleurera sa ridicule aptitude à espérer l'impossible, et ne trouvera dès lors de salut que dans la mort (1293-1302).

Plus ténues paraissent les illusions dont Titus est la victime. N'est-ce pas lui, en effet, qui par sa décision de renvoyer Bérénice détient entre ses mains le destin des trois protagonistes ? En fait, il n'a pas échappé aux illusions de l'amour ; il les a seulement rejetées dans le passé :

> Mais à peine le Ciel eut rappelé mon père,
> Dès que ma triste main eut fermé sa paupière,
> De mon aimable erreur je fus désabusé.   (v. 459-461)

Rejetées dans le passé, elles n'en sont pas moins prêtes à en revenir à tout moment. Le grand monologue de Titus à l'acte IV n'est rien d'autre que le dernier affrontement, sous nos yeux cette fois, entre l'amour et l'honneur, c'est-à-dire entre l'illusion et la réalité. « Titus, ouvre les yeux ! » s'écrie-t-il (v. 1013) au plus fort de son rêve amoureux qui lui figurait une Rome complice de ses amours.

La principale victime du jeu des illusions qui sous-tendent la tragédie est évidemment Bérénice elle-même. Écoutons-la au premier acte (sc. 4) s'éblouir d'un avenir à la fois glorieux et amoureux, tandis que Titus a déjà pris sa décision de la renvoyer. C'est elle qui imagine que Titus a rassemblé le sénat pour accroître ses royaumes et la proclamer impératrice : Titus n'a rien dit de tel (« sans qu'il m'en ait parlé » v. 169) ; il s'agit seulement de supputations de son entourage (« Et si de ses amis j'en dois croire la voix » v. 173). Elle demeure dans ses illusions jusqu'à sa rencontre avec Titus au milieu du second acte. Là encore, quoique ébranlée par la réserve et la fuite de son amant, c'est elle qui trouve les moyens fallacieux de se rassurer : « Hélas ! s'il était vrai... Mais non, il a cent fois / Rassuré mon amour... » (II, 5, v. 641-642). Suit une série de termes qui tous ressortissent au champ lexical de l'illusion (v. 648-653) : *je crois, il aura su, peut-être, m'a-t-on dit, sans doute*. L'acte charnière est le troisième, avec la brutale annonce, faite par Antiochus, de la séparation : Bérénice, avant de quitter la scène en larmes, oscille entre l'aveuglement (« Non, je ne le puis croire » v. 907) et la clairvoyance (« Hélas ! pour me tromper je fais ce que je puis » v. 918).

Comme il va de soi, l'envers du thème de l'illusion est constitué par le thème de la réalité. Dans *Bérénice*, la réalité semble être la Loi. La loi de Rome, au premier rang, qui interdit à ses princes d'épouser des reines ; la loi du père défunt, dont l'interdiction paraît plus présente qu'avant sa mort ; la loi des dieux même, qui ont mis Titus à l'épreuve en le chargeant du fardeau de l'empire. Toutes ces expressions de la Loi, d'une Loi à la fois historique, mythique et irrationnelle, tissent la toile de fond. Au premier plan, plus tangible que la plus puissante des allégories, la vraie réalité, c'est l'exercice du pouvoir et son corollaire, l'idée de sacrifice. Bien moins éloignée qu'il y paraît, sur le plan thématique, de la tragédie cornélienne, *Bérénice* est ainsi l'une des plus politiques des œuvres raciniennes. Comment la plus élégiaque des œuvres de Racine peut-elle être en même temps l'une de ses plus politiques ? C'est que, comme nous l'avons dit en commençant, *Bérénice* est une tragédie et non une simple élégie.

Cette œuvre est, en effet, le lieu splendide — et tragique — de l'affrontement entre le rêve pastoral et l'affirmation de la nécessité politique. Qu'y a-t-il de plus fortement et fréquemment affirmé dans cette pièce que le désir d'oublier la puissance, la gloire et la pompe, pour se réfugier dans un univers où seule la religion du cœur est admise ? Le débat intérieur de Titus l'exprime clairement en reprenant le thème de la fuite, si souvent exprimé dans la littérature pastorale de la fin du XVIe et du début du XVIIe siècle :

> Ah lâche ! fais l'amour, et renonce à l'empire.
> Au bout de l'univers va, cours te confiner,
> Et fais place à des cœurs plus dignes de régner.
>
> (v. 1024-1026)

Mais c'est le rôle entier de Bérénice qui illustre ce thème : elle fuit la cour (v. 135 et suiv.), elle réclame « plus de repos et moins d'éclat » et se moque de sa « grandeur » (v. 569 et suiv.) ; son cœur, explique Titus (v. 530), n'a jamais réclamé autre chose que celui de son amant. En fait, il faut le répéter, c'est moins le détail des vers qui est significatif que l'ensemble du rôle. Bérénice, c'est l'antithèse de « Rome », c'est l'amour dans lequel on s'oublie, à travers lequel on oublie la réalité politique :

> Plût au ciel que mon père, hélas, vécût encore !
> Que je vivais heureux !   (v. 600-601)

Ce regret de Titus est bien clair : tant que vivait Vespasien, c'était le bonheur, parce que Vespasien tenait entre ses mains la « chose politique », et que Titus pouvait s'abandonner entièrement à son rêve amoureux. Le déchirement de l'illusion, c'est la révélation que le rêve pastoral n'est décidément qu'un rêve. Il est loin le temps où romanciers et dramaturges dessinaient des « cours bergères » sous les yeux de lecteurs et de spectateurs attendris, et faisaient semblant d'y croire. En 1670, lorsque le rêve pastoral de l'amour pur et purificateur est évoqué (v. 504-522), il est confiné dans le cadre des relations privées, et coupé de tout pont avec l'exercice du pouvoir. En 1670, tandis que Louis XIV, en agrandissant progressivement le petit château de Versailles, s'apprête à transporter sa cour à la campagne, il apparaît clairement que le pouvoir n'y changera pas de nature et n'aura rien de pastoral. Le sacrifice de Bérénice, ainsi que de la part d'humanité de Titus, c'est la reconnaissance littéraire de l'avènement d'un nouvel ordre politique, d'où l'homme privé est absent.

LES RÈGLES ET L'ESTHÉTIQUE CLASSIQUE

Pour avoir érigé en modèle de composition l'affirmation qu'il faut une action peu chargée de matière, Racine a pu faire croire que c'était là l'idée que les créateurs classiques se faisaient du théâtre. En fait, la recherche de l'économie dans les moyens qui caractérise effectivement le classicisme français ne concerne nullement la construction de l'œuvre. À ce compte, il faudrait considérer *Bajazet* et *Phèdre* comme des anomalies. Y songet-on ? Racine lui-même y songe-t-il ? Relisons la préface de *Bérénice* : « Il y avait longtemps, écrit-il, que je voulais essayer si je pourrais faire une tragédie avec cette simplicité d'action qui a été si fort du goût des anciens. » Y a-t-il plus clair aveu de ce que ce n'est la règle ni du reste de son théâtre, ni du théâtre contemporain ?

Ce que réclame l'esthétique classique, c'est ce que réclame toute la théorie littéraire depuis Aristote. Non point que la matière soit réduite au minimum, ni même qu'elle soit « simple », mais qu'elle soit *une*. Aristote avec sa coutumière concision l'explique parfaitement : il faut, dit-il, raconter l'histoire d'une action une et qui forme un tout. Peu importe le nombre de faits racontés : le tout est qu'ils soient agencés de telle sorte que le déplacement ou la supression de l'un d'entre eux disloque l'ensemble (*Poétique*, chap. 8).

Bérénice, modèle de la tragédie classique, est donc un mythe critique que Racine est sans doute le premier à avoir contribué à établir, soucieux qu'il était de cautionner son audace d'avoir construit une tragédie dépourvue d'événements. Ne pas remettre en cause ce mythe critique, c'est confondre unité d'action et simplicité d'action. Confusion en vigueur depuis longtemps, mais que la récente réhabilitation de cet immense pan oublié de la littérature française du XVIIe siècle, qu'on désigne aujourd'hui du terme de *baroque*, a renforcée. Face à la conception d'une action éclatée et décentrée, aux épisodes multiples et mal liés entre eux, qui caractérise le théâtre baroque, la tragédie classique peut se définir par la concentration et l'élimination des épisodes, et, partant, finit par *paraître* simple, par effet de relativité. C'est ainsi que *Bérénice* a pu représenter aux yeux de beaucoup un aboutissement, comme si tout le XVIIe siècle, à force d'élaguer dans la profusion des histoires, avait tendu, par l'intervention encore hésitante de Corneille, puis décisive de Racine, vers cet « infiniment plus léger ». On s'est défait depuis peu de cette conception évolutionniste de l'histoire de la littérature : *Bérénice* est un point limite, et non un aboutissement.

Eu égard au caractère extrêmement ténu de la matière, la première de toutes les règles classiques, l'observation de la *vraisemblance*, n'a pas été difficile à respecter. *Bérénice* ne fait que développer une donnée historique — donc vraie —, et qui ne possède en elle aucun caractère inouï ou choquant — donc vraisemblable — ; voilà pour la vraisemblance externe. Quant à la vraisemblance interne, ou cohérence, rien dans l'enchaînements des faits, qui sont plus des réactions que des actions, n'est susceptible de la heurter.

Les deux aspects de la vraisemblance de l'action étant examinés, reste à se tourner vers la vraisemblance de la représentation, dont l'enjeu est essentiel au XVIIᵉ siècle. Ce théâtre privilégie en effet l'illusion mimétique (ce qu'Aristote appelait la *mimèsis*) : il faut que le spectateur de théâtre n'ait pas l'impression d'assister à une représentation théâtrale, mais à une *action véritable*. De là l'importance du respect des unités de temps et de lieu. Toute action dont les limites excèdent exagérément la durée de la représentation est perçue par le spectateur, du fait des accélérations et de l'écrasement du temps que cela suppose, comme une action théâtrale et non comme une action véritable : une représentation de trois heures ne peut pas donner à voir une action de plus d'une journée sans attenter à la vraisemblance, donc à l'illusion mimétique. Il en va de même pour le lieu. Le spectateur, immobile dans un lieu unique, ne peut pas être déplacé au gré des nécessités de l'action sans percevoir qu'il est la victime consentante d'un effet d'art : puisqu'il est dans un lieu unique, les nécessités de l'illusion mimétique exigent que l'action se déroule elle-même dans un lieu unique.

Il n'est pas besoin de scruter longuement *Bérénice* pour constater qu'elle obéit en tous points aux principes qui garantissent l'illusion mimétique. En quelques heures tout est réglé : quand commence la pièce, Antiochus nous apprend qu'il veut partir avant le soir, avant que Titus n'épouse Bérénice ; et c'est effectivement à la nuit qu'il gagnera ses vaisseaux qui l'attendent à Ostie,

de même que, de son côté, Bérénice. Pour l'unité de
lieu, il n'est même pas besoin de lire la pièce : « La scène
est à Rome, dans un cabinet qui est entre l'appartement
de Titus et celui de Bérénice », explique Racine à la suite
de la liste des *dramatis personae*. Évidence qui n'a pas
été sans susciter la réserve de nombreux commentateurs
depuis trois siècles.

Pourquoi un cabinet, à mi-chemin entre les appartements de Titus et de Bérénice, pour épancher toute
cette souffrance ? Notons tout d'abord que ce n'est pas
n'importe quel cabinet. C'est un lieu superbe, « pom-
peux », c'est-à-dire accordé à la grandeur royale, et surtout secret : nul n'y a accès que les amants ou leurs
proches ; la cour s'arrête toujours sur son seuil. Cela seul
suffirait à montrer que ce ne peut surtout pas être n'importe quelle salle du palais impérial. Rien n'est plus
étranger que *Bérénice* au concept du « palais à volonté ».
En outre, ce lieu est d'une cohérence absolue. On ne
sache pas que les personnages se rencontrent ailleurs
(sauf durant la courte scène V, 4, où Titus est entré chez
Bérénice) : Bérénice ne paraît plus autorisée à entrer
chez Titus pour dire son amour, et celui-ci n'ose plus
franchir le seuil de l'appartement de sa maîtresse.
Anciennement lieu des rencontres heureuses, ce « cabinet superbe et solitaire » se transforme en lieu de la solitude souffrante, et sa position à mi-chemin devient le
symbole de la déchirure définitive entre les amants.
D'ailleurs, c'est le malheureux Antiochus qui nous
décrit ce lieu à la première scène, lui qui est précisément
depuis toujours l'incarnation de la solitude souffrante et
le dépositaire contraint des secrets que chacun des
amants veut bien lui confier.

On voit qu'il faut bien entendre Racine lorsqu'il écrit
dans sa préface que « la principale règle est de plaire et de
toucher », comme s'il voulait faire entendre que les vraies
règles, celles des savants, ne comptent pas. Une telle
interprétation conduit au contresens. Racine explique lui-
même à la phrase précédente qu'une pièce qui touche et
qui plaît ne peut pas être absolument contre les règles.

Cette explication est capitale car elle est parfaitement révélatrice de l'esprit du classicisme. L'idéal classique consiste à satisfaire à la fois l'esprit et les sens. Or les sens (disons ici l'émotion) ne peuvent être parfaitement touchés que si l'illusion mimétique fonctionne à plein, ce qui ne peut intervenir qu'à la condition que l'esprit lui-même soit satisfait, qu'il ne soit pas troublé par des manquements à la vraisemblance.

En vérité, à l'époque de Racine, il va tellement de soi de respecter les règles, qu'elles ne sont même plus objet de débat ; à moins qu'un esprit résolument critique ne veuille démonter toute la pièce. On lit dans *La Critique de Bérénice* de l'abbé Montfaucon de Villars : « Il ne faut donc pas s'étonner s'il ne s'est pas mis en peine de la liaison des scènes, s'il a laissé plusieurs fois le théâtre vide et si la plupart des scènes sont peu nécessaires. Le moyen d'ajuster tant d'élégies et de madrigaux ensemble, avec la même suite que si l'on eût voulu faire une comédie [1] dans les règles ! » On saisit bien ce qui est en question ici : dans la mesure où aucune des règles essentielles au fonctionnement de l'illusion mimétique n'est en cause dans *Bérénice*, l'adversaire de Racine se rabat sur des règles annexes. Certes à l'époque de Racine, il est considéré comme une faute dramatique de laisser la scène vide [2] ; mais cela ne met en aucun cas l'illusion mimétique en péril, et c'est ce qui est essentiel. En outre, toutes les liaisons vides que l'on trouve dans *Bérénice* ne sont pas condamnables au regard des subtiles définitions des théoriciens de l'époque. Ainsi, entre les scènes 2 et 3 de l'acte IV, on pourrait parler d'une « liaison de bruit », variante particulière de la liaison de fuite : c'est parce que Phénice *entend* la suite de Titus approcher qu'elle invite Bérénice à quitter la scène

---

1. Voir note 1, p. 9.   2. Ce qui arrive lorsqu'un personnage fait son entrée une fois que tous les autres personnages ont quitté la scène (à moins que ceux-ci l'aient aperçu et soient sortis dans le but de le fuir : liaison dite « de fuite »). Sur tout ceci, voir les pages que Jacques Scherer a consacrées à la question dans sa *Dramaturgie classique* (p. 271-278).

(« Vous l'entretiendrez seul dans votre appartement »).
Reste la liaison entre les scènes 4 et 5 du dernier acte,
qui tire son sens du fait qu'elle est théoriquement
condamnable : c'est parce qu'Antiochus veut s'enfuir
pour mourir sans revoir ni Titus ni Bérénice qu'il quitte
la scène sans attendre le moindre indice de l'arrivée en
scène d'un autre personnage.

LES PERSONNAGES

À lire les jugements critiques prononcés depuis trois
siècles sur les trois héros, on a l'impression que seul le
personnage de Bérénice compte vraiment. Bérénice, dit-
on à juste titre, c'est toute la sensibilité, la psychologie
et la capacité de souffrance féminines. Face à elle, Titus
a le tort d'être celui qui tient entre ses mains la destinée
du couple et qui choisit le drame quand il aurait, en
apparence, toute latitude d'aplanir la difficulté qu'il sou-
lève. On ne lui pardonne pas d'être à la fois tout-puissant et impuissant (« Ah Rome ! Ah Bérénice ! Ah prince
malheureux ! / Pourquoi suis-je empereur ? Pourquoi
suis-je amoureux ? » [v. 1225-1226]) ; de faire dans l'élégie et de s'abandonner aux larmes, quand on espère de
lui une manifestation d'autorité. Quant à Antiochus,
manifestement en retrait par rapport aux deux autres,
trop doux et trop faible, il est aux yeux de certains « un
confident monté en grade ». Tout cela est juste si l'on se
contente de lire la tragédie du seul point de vue psychologique — c'est-à-dire, d'une certaine manière, à travers
le regard de Bérénice.

Une lecture dramaturgique nous apprend tout autre
chose. En premier lieu que la pièce n'est pas seulement le
chant d'amour blessé du rôle titre. Du point de vue de la
présence en scène [1] et du temps de parole [2], c'est TITUS qui
est le premier rôle de la pièce. Présent dans quatorze des
vingt-neuf scènes et prononçant le tiers de l'ensemble des

---

1. Total des scènes où il est présent.   2. Nombre de vers prononcés.

vers [1], il l'emporte de loin sur Bérénice à qui échoient 397
vers répartis sur onze scènes. Cette supériorité dramaturgique est d'importance parce qu'elle peut paraître paradoxale, Titus étant un homme qui a déjà pris sa décision
quand commence la pièce et à qui il ne reste plus qu'à l'annoncer à la « triste Bérénice ». C'est que cette « explication »
dont il parle à son entrée en scène est la chose la plus difficile
et la plus douloureuse du monde. Titus souffre de n'être
plus le même Titus qu'avant son accession au trône, il
souffre de se résoudre à renvoyer celle qu'il aime [2], il souffre
en outre de la souffrance même de Bérénice. Il faut insister
sur cette notion de souffrance parce qu'elle est la clé du rôle
et même de la pièce. La souffrance et non la faiblesse.

Car il ne faut pas se méprendre sur le personnage de
Titus dans ses relations avec Rome. Loin d'être une force
agissante, Rome (comme le sénat qui la représente) n'est
qu'une « observatrice » qui attend avec inquiétude de
pouvoir interpréter le présage d'avenir que constituera
l'attitude de son empereur envers Bérénice (v. 467-470).
Aussi Titus n'est-il pas un prince faible, s'inclinant devant
un sénat et un peuple qui le menaceraient. La faiblesse
serait au contraire d'être un nouveau Néron — ce que
Rome redoute. Grâce à Bérénice, Titus avait subi une
première métamorphose : pour lui plaire et se hisser à la
hauteur de son amour, il avait quitté la voie du plaisir que
la cour de Néron lui avait inculquée (v. 504-519). Mais à
la mort de son père, il lui a fallu s'élever plus haut encore.
C'était alors que la tentation néronienne s'offrait complè-
tement à lui : Néron était-il autre chose qu'un Titus ayant
continué, une fois empereur, à céder à ses propres envies
et à les faire approuver, malgré elle, par Rome ? Or Titus
a conscience d'avoir été « livr[é] à l'univers » (v. 466),
c'est-à-dire arraché à lui-même et à Bérénice, « cruel

---

1. 496 sur 1506.   2. Quelques-uns ont écrit que Titus n'aimait
plus Bérénice. S'il était un être de chair et d'os, son attitude devrait
effectivement faire l'objet d'une psychanalyse. Mais il est un personnage de théâtre, dont les pensées ne vont pas au-delà de ce que le
texte nous en dit : « Ce jour surpasse tout. Jamais, je le confesse, /
Vous ne fûtes aimée avec tant de tendresse » (v. 1343-1344).

sacrifice » qu'il a accepté (v. 471). « Le choix des dieux »,
dit-il (v. 466), est contraire à ses amours. Certes, puisque
ce choix a fait mourir son père et l'a fait monter sur le
trône. Mais il n'y a nulle fatalité en cela. Encore une fois,
on ne voit pas ce qui empêche Titus d'être un nouveau
Néron ; si ce n'est, mais c'est essentiel, de se faire la plus
haute opinion du pouvoir suprême et de la qualité de
Romain — ce que Racine traduit par le concept de *gloire*.

Plus que Titus, Bérénice pose la question des rapports entre la littérature et l'histoire. L'histoire nous
apprend qu'à la mort de Vespasien la reine avait la
cinquantaine. Vieille maîtresse donc, d'où certains
commentateurs ont inféré que la décision de Titus fut
motivée par l'extinction de son amour. Rien, dans le
texte littéraire, ne permet de dégager une telle interprétation. La Bérénice de Racine est aussi jeune que son
amant, et elle est aussi aimée par lui qu'elle l'aime. Les
actes de bravoure et de vertu que Titus a fait paraître
devant elle (v. 509-521), Racine ne nous les décrit pas
comme ceux d'une jeune homme cherchant à éblouir
une femme d'expérience, mais au contraire comme ceux
d'un preux chevalier désireux de conquérir le cœur
d'une exigeante princesse qui a placé très haut le prix de
son cœur. Que Bérénice soit ainsi inscrite dans la tradition des héroïnes de la littérature courtoise permet de
comprendre l'absolue cohérence de sa conduite : son
comportement amoureux dans le bonheur comme dans
le malheur s'explique par son appartenance à cette
lignée de jeunes filles. Elle ne vit que pour l'amour :

> Elle passe ses jours, Paulin, sans rien prétendre
> Que quelque heure à me voir, et le reste à m'attendre.
>
> (v. 535-536)

et lorsqu'il n'y a plus de place pour l'amour, il n'y a plus
de place pour la vie.

Au plan dramaturgique, Bérénice partage avec les
autres personnages éponymes des tragédies de Racine le

fait de ne pas être le plus bavard : avec près de quatre cents vers, elle prononce cent vers de moins que Titus (et à peine près de cinquante de plus qu'Antiochus), ce qui souligne que dans cette tragédie de la parole déplorante elle n'est pas le personnage le plus souffrant. Elle est aussi la moins présente en scène des trois héros. Onze scènes à peine sur un total de vingt-neuf, contre quinze à Titus et quatorze à Antiochus. Mais en même temps, elle est la seule à apparaître dans chacun des cinq actes, confirmant, s'il en était besoin, qu'elle est la lumière autour de laquelle gravitent les papillons qui viennent se brûler les ailes à son contact.

Aux côtés, mais à l'écart du couple, ANTIOCHUS n'est pas seulement un confident monté en grade. Il est vrai qu'il commence par être un personnage d'exposition : présent dans les quatre premières scènes de la pièce, il nous renseigne, à travers son monologue, ses conversations avec son confident et son entrevue avec Bérénice, sur la situation et les sentiments présumés des trois personnages. Cela ne permet pas de comprendre pourquoi Racine le fait paraître dans quatorze scènes (contre quinze à Titus et onze à Bérénice), et lui fait prononcer 350 vers, à peine cinquante vers de moins que Bérénice.

L'importance de son rôle est d'abord dramaturgique : tant que les deux amants sont incapables de s'expliquer, c'est-à-dire jusqu'à l'acte IV, c'est Antiochus qui assure le lien. Retardant l'explication, il permet à Titus d'esquiver le spectacle de la souffrance de Bérénice, tout en avivant les causes de cette souffrance qui se nourrit de l'incertitude. Or cette importance dramaturgique s'appuie sur l'importance historique et humaine du personnage. Antiochus est devenu sous la plume de Racine presque l'égal de Titus : ils ont rivalisé de courage sous les remparts de Jérusalem (v. 211-224), et Titus lui doit « la moitié de sa gloire » (v. 687-688) ; ils se chérissent et s'admirent mutuellement (v. 270), au point que Bérénice estime que parler à Antiochus c'est « entretenir Titus dans un autre lui-même » (v. 272). Antiochus n'est-il qu'un roitelet oriental ? Titus le distingue de tous les autres rois (v. 673-674) et il augmente considérablement l'étendue de son royaume avant de le laisser partir (v. 763-767). Il n'est pas douteux qu'en Orient Antiochus jouisse d'une gloire presque comparable à celle de Titus à Rome (v. 793-796). Que lui manque-t-il donc ? l'amour de Bérénice. Cela seul suffit à faire de lui l'exclu, et en même temps à lui conférer des traits psychologiques qui le distinguent radicalement de Titus dont il est si proche.

Absence d'amour et exclusion, en effet, font de lui la figure même du mélancolique : « Dans l'Orient désert quel devint mon ennui » (v. 234). La mélancolie, nous l'avons expliqué, baigne *Bérénice* tout entière. Mais Antiochus, qui est le premier à souffrir, en est l'incarnation. C'est lui qui prononce le premier (v. 40 et 49) et le dernier (vers final) « hélas » de la tragédie. Remarquons enfin qu'il s'agit d'une mélancolie peu ordinaire dans l'univers de la tragédie : la mélancolie amoureuse se traduisait bien plus fréquemment par le « forcènement », comme on disait alors. Point de piège tendu entre les amants, point de tentative de meurtre, d'enlèvement, et, pour finir, point de crise de folie : le triste et solitaire Antiochus est bien plus digne de la cour du roi soleil que le violent Oreste (*Andromaque*) auquel il succède.

Trois héros, trois confidents : il n'est rien de plus attendu dans une tragédie classique. L'existence de ces personnages qui s'est accrue depuis le début du XVIIe siècle a pour objet de réduire le nombre de monologues, et, par là, de varier les modes d'expression de la parole tragique. On a ainsi dans *Bérénice* une alternance entre scènes de confident, scènes entre héros et scènes de monologues, alternance particulièrement flagrante au premier acte, où l'on observe l'enchaînement suivant : confident / monologue / confident / héros / confident.

Cette fonction instrumentale ne les rend pas interchangeables. On le voit bien avec ARSACE, présent dans

douze scènes et prononçant cent trente vers. Il forme
avec le seigneur qu'il accompagne un couple contrasté,
ce qui est tout à fait logique dans la mesure où le confident est une forme de dédoublement du héros : aussi
actif qu'Antiochus est paralysé, aussi confiant qu'il est
désespéré, on l'imagine sans peine à la fin recueillant
entre ses bras un Antiochus défaillant, comme Pylade
recueillait Oreste (*Andromaque*, derniers vers). Le
contraste est tout aussi fort avec PAULIN[1], le confident
de Titus, aussi compassé qu'Arsace est attentif : cette
raideur — qui explique que Racine lui ait fait prononcer
un vers aussi froid que « Cet amour est ardent, il le faut
confesser » (v. 421) — s'explique par le fait que Paulin
représente exclusivement la partie « romaine » de Titus
au moment même où s'affrontent en celui-ci le penchant
romain et le penchant pastoral. N'en inférons pas cependant que Paulin figure la parole de Rome. Une telle
position pourrait paraître curieuse chez un confident.
De fait, en se faisant l'interprète de Rome, il ne sort pas
de son rôle de confident du prince, puisque celui-ci a
déjà pris sa décision. Rome, on ne saurait trop le souligner, est tout entière en Titus depuis la mort de Vespasien. PHÉNICE, de son côté, n'est qu'une ombre :
présente dans sept scènes, elle n'est à trois reprises
qu'une ombre silencieuse (I, 4 — II, 4 — V, 5), et dans
les quatre scènes restantes, elle ne prononce que vingt-
sept vers. Même lorsqu'elle est la seule interlocutrice de
sa reine, elle n'est rien d'autre qu'une invitation à parler.
Combien révélateur nous semble ce « Parle » que lui
adresse Bérénice au milieu d'une longue tirade que sa
voix ne viendra pas interrompre (v. 636).

---

1. Présent dans huit scènes, il prononce cent un vers et demi.

VARIANTES

p. 21
a. Var. *et où la narration occupe beaucoup de place* (1671)
b. Var. *dont la durée ne doit être que de quelques heures* absent en 1671

p. 22
a. Var. *[de regret] pour n'avoir pas obtenu les armes d'Achille* (1671)

p. 25
a. Var. *très proche* (1671)

p. 27
a. Var. *de Titus l'Épouse* (1671-1676-1687)

p. 28
a. Var. *Ah ! puisqu'il faut partir, partons sans lui déplaire. / Je me suis tu longtemps, je puis encor me taire.* (1671-1676-1687)
b. Var. *Non, loin de s'offenser* (1671)

p. 29
a. Var. *Hé bien, entrerons-nous ?* (1671)
b. Var. *De disparaître* (1671-1676-1687)

p. 33
a. Var. *les dieux semblent* (1671)
b. Var. *qu'avec lui* (1671)

p. 34
a. Var. *Hé bien, il a repris* (1671)

p. 35
a. Var. *Au nom des Dieux parlez* (1671)

p. 36
a. Var. *puisqu'après cinq ans* (1671)
b. Var. *d'y verser* (1671)

p. 40

a. Var. *Tu verras le Sénat m'apporter ses hommages, / Et le Peuple de fleurs couronner nos images.* (1671) — La différence entre *nos images* et *ses images* est essentielle : Racine marque ici que Bérénice, déjà, se sent à jamais exclue des honneurs que Rome apporte à ses souverains

b. Var. *Dieux !* (1671)

c. Var. *consacre les prémices* (1671-1676-1687)

d. Var. *Je prétends quelque part à des souhaits si doux. / Phénice, allons nous joindre aux vœux qu'on fait pour nous.* (1671-1676-1687) — Variante importante ici encore, qui revêt le même sens que précédemment (v. 300). Elle quitte alors son appartement (voir à la scène suivante le v. 335) pour se rendre en un lieu de prières (Racine songeait-il à l'une des synagogues de Rome ?)

p. 43

a. Var. *un plus ample théâtre* (1671-1676-1687)

b. Var. *ou caprice* (1671-1676-1687)

p. 45

a. Var. *Et vous pourriez, Seigneur* (1671-1676-1687)

p. 46

a. Var. *Avec* (1671)

p. 47

a. Var. *Que la perte d'un cœur,* (1671)

p. 48

a. Var. *Ma main avec plaisir apprit à se répandre* (1671)

p. 50

a. Var. *De vos nobles desseins, Seigneur, qu'il vous souvienne.* (1671)

p. 51

a. Var. *Depuis huit jours* (1671)

b. Var. *Pourquoi des Immortels* (1671-1676-1687)

p. 52

a. Var. *Plût aux Dieux* (1671-1676-1687)

b. Var. *qu'on viendrait* (1671)

p. 55

a. Var. *Madame, je me perds* (1671)

p. 63
a. Var. *Ah, je* (1671-1676-1687)

p. 64
a. Var. *Enfin, Seigneur, vous n'êtes point parti.* (1671-1676-
1687)

p. 68
a. Var. *en l'état* (1671)
b. Var. *Allons, il faut partir* (1671)

p. 78
a. Var. À la place de ce vers et des cinq vers suivants, on lisait
    dans l'édition de 1671 : *Vous les verriez toujours, jaloux de
    leur devoir, / De tous les autres nœuds oublier le pouvoir*

p. 81
a. Var. *... de votre renommée, / Seigneur. De vos adieux...* (1671-
    1676-1687)
b. Var. *ni conseils* (1671)

p. 82
a. Var. *Allez, Seigneur, allez* (1671-1676-1687)
b. Var. *Allons, Seigneur, passons dans la chambre prochaine,
    / Venez voir le sénat.* (1671)

p. 88
a. Var. *Ces chiffres* (1671-1676-1687)

p. 91
a. Var. *Je m'attendis, Madame,* (1671-1676-1687)

p. 92
a. Var. *Et je vois bien qu'après tous les pas* (1671-1676-1687)

p. 93
a. Var. *à tout moment* (1671)
b. Var. *Jugez nous...* (1671) — Dans la version originale les
    points de suspension indiquaient qu'ici Antiochus coupait
    la parole à Titus.

p. 94
a. Var. *Je crois tout. Je connais votre amour. / Mais vous connais-
    sez moi, Seigneur, à votre tour.* (1671-1676-1687)
b. Var. *Mais croiriez-vous, Seigneur,* (1671-1676-1687)

REPÈRES BIOGRAPHIQUES

1637. — *Mi-janvier.* — Création triomphale du *Cid* de Corneille. Il est âgé de 31 ans, et depuis près de huit ans enchaîne les succès dans tous les genres dramatiques.

1638. — *5 septembre.* — Naissance du dauphin Louis, futur Louis XIV.

13 septembre. — Jean Racine (futur père du poète), « procureur » à La Ferté-Milon (Aisne) et fils de Jean Racine, contrôleur au grenier à sel de La Ferté-Milon, épouse Jeanne Sconin, fille de Pierre Sconin, président du grenier à sel.

1639. — *22 décembre.* — Jean Racine est baptisé à La Ferté-Milon ; il est né probablement la veille ou le jour même. Il a pour marraine sa grand-mère paternelle, Marie Desmoulins (épouse de Jean Racine), et pour parrain son grand-père maternel, Pierre Sconin.

1641-1643. — Décès successifs de sa mère (en *janvier 1641*, à la naissance de sa sœur Marie) et de son père. Il est recueilli par ses grands-parents paternels, sa sœur par ses grands-parents maternels.

1649-1653. — À la mort de son grand-père (*22 septembre 1649*), sa grand-mère (et marraine), Marie Desmoulins, est admise comme femme de service à l'abbaye de Port-Royal des Champs, où sa sœur Suzanne s'était retirée dès 1625 et où elle rejoint sa propre fille Agnès, devenue professe en 1648. Racine est éduqué à titre gracieux aux « Petites Écoles » de Port-Royal par les « Solitaires » (ou « Messieurs ») qui s'étaient retirés une dizaine d'années plus tôt dans les

« Granges » qui jouxtaient le monastère de Port-Royal des Champs. Il y fait ses trois classes de grammaire et sa première classe de lettres (ce qui correspond aujourd'hui au premier cycle du collège).

1653-1655. — Il est envoyé au collège de la ville de Beauvais, très lié à Port-Royal, où il fait sa seconde classe de lettres et sa rhétorique.

1655-1658. — Au lieu de faire sa classe de philosophie, il retourne à Port-Royal, auprès des « Messieurs », sans qu'on en connaisse la raison.

1658-1659. — Il part finalement faire sa classe de philosophie à Paris au collège d'Harcourt (l'actuel lycée Saint-Louis), dont le principal était janséniste.

1659-1661. — Racine est accueilli par son « cousin » Nicolas Vitart à l'hôtel du duc de Luynes, dont il est l'intendant et l'homme de confiance. Entrée dans le monde des lettres : rencontre de La Fontaine (lointain parent par alliance) et de ses amis, sonnet (perdu) à Mazarin sur la paix des Pyrénées, vaine proposition d'une tragédie (*Amasie*) aux comédiens du théâtre du Marais, petit succès auprès des lettrés d'une ode composée à l'occasion du mariage du roi, *La Nymphe de la Seine à la Reine*, contacts avortés avec la troupe de l'Hôtel de Bourgogne, pour une pièce de théâtre qu'il ne semble pas avoir achevée. Sa situation financière est alors assez difficile

1661-1663. — Séjour à Uzès, auprès d'un de ses oncles, vicaire général de l'évêché, dans l'espoir d'obtenir un bénéfice ecclésiastique qui lui assurerait la sécurité matérielle. Il n'obtiendra ce bénéfice que bien des années après être rentré à Paris.

1663. — Retour à Paris au printemps : il écrit des odes qui le font remarquer : *Ode sur la convalescence du Roi*, qui lui vaut d'être inscrit dès le mois d'août sur la liste des gratifications royales aux gens de lettres, puis *La Renommée aux Muses*. Durant le même été, mort de sa grand-mère et marraine (Marie Desmoulins, celle qu'il appelait « ma mère »).

1664. — *20 juin.* — Première de *La Thébaïde* montée

par la troupe de Molière (installée au Palais-Royal) ; succès très médiocre. Elle est publiée le *30 octobre*, avec une dédicace au duc de Saint-Aignan. Il reçoit enfin sa première gratification royale, annoncée l'année précédente.

1665. — *4 décembre*. — Création d'*Alexandre le Grand* par Molière ; mais Racine — fait sans précédent dans les mœurs théâtrales du XVIIe siècle — donne aussi sa tragédie à l'Hôtel de Bourgogne qui, à partir du *18 décembre*, la joue concurremment avec le Palais-Royal où les recettes s'effondrent : brouille définitive avec Molière.

1666. — *Janvier*. — Publication d'*Alexandre le Grand* avec une dédicace *Au Roi*. Rupture avec Port-Royal : Racine polémique avec l'un des ses anciens maîtres (*Lettre à l'auteur des hérésies imaginaires*), Nicole, qui condamnait la mauvaise influence des auteurs de théâtre.

1667. — Deuxième lettre contre Nicole, qui reste inédite.

17 novembre. — C'est la Du Parc, que Racine avait arrachée à la troupe de Molière quelques mois plus tôt, qui crée à l'Hôtel de Bourgogne le rôle-titre d'*Andromaque*. Énorme succès.

1668. — *Janvier ou février*. — Publication d'*Andromaque* avec une dédicace à Madame (Henriette d'Angleterre), la très influente belle-sœur du roi.

Printemps. — Molière monte *La Folle querelle* de Subligny, qui tourne en dérision *Andromaque*, tandis que Saint-Évremond laisse enfin publier sa très critique *Dissertation sur le Grand Alexandre*.

Novembre. — Création des *Plaideurs*, son unique comédie : succès mitigé à Paris, vif succès à la cour.

Décembre. — Mort de la Du Parc, probablement des suites d'une fausse couche ou d'un avortement. Le monde du théâtre tout entier se presse à ses funérailles, et notamment « [...] les poètes de théâtre / Dont l'un, le plus intéressé, / Était à demi trépassé ».

1669. — *Janvier ou février*. — Publication des *Plaideurs*.

13 décembre. — *Britannicus*, première tragédie « romaine » de Racine, qui ne connaît d'abord qu'un demi-succès (et la désapprobation publique de Corneille).

1670. — *Janvier ou février*. — Publication de *Britannicus* avec une dédicace au duc de Chevreuse (lié à Port-Royal et gendre de Colbert) et une préface où Corneille est pris violemment à partie.

21 novembre. — *Bérénice* est créée à l'Hôtel de Bourgogne.

28 novembre. — Molière monte au Palais-Royal *Tite et Bérénice* de Corneille. La pièce de Racine connaît un véritable triomphe, celle de Corneille un succès seulement honorable.

1671. — *Janvier*. — Un certain abbé de Villars publie une *Critique de Bérénice*, puis quelques jours plus tard une *Critique de la Bérénice du Palais-Royal*.

24 janvier. — Édition de *Bérénice*, avec une dédicace à Colbert.

1672. — *5 janvier*. — Création de *Bajazet* à l'Hôtel de Bourgogne. Représentation à la cour le *22*, lors des fêtes données à l'occasion du remariage de Monsieur, frère unique du Roi. Publication le *20 février*.

5 décembre. — Élection à l'Académie française.

18 décembre (?). — Création de *Mithridate* à l'Hôtel de Bourgogne ; le succès se prolonge au moins jusqu'à la fin de février 1673.

1673. — *12 janvier*. — Réception de Racine à l'Académie française.

17 février. — Mort de Molière.

16 mars. — Publication de *Mithridate*.

1674. — *18 août*. — Création d'*Iphigénie* à Versailles, dans le cadre des « Divertissements de Versailles » (5ᵉ journée) célébrant la conquête de la Franche-Comté. Il accède à la charge (anoblissante) de trésorier de France et général des finances de Moulins.

Fin décembre. — Reprise triomphale d'*Iphigénie* à Paris, sur la scène de l'Hôtel de Bourgogne, où elle succède à *Suréna*, dernière tragédie de Corneille.

1675. — *Fin janvier* (?). — Publication d'*Iphigénie*.

24 mai. — Création au théâtre Guénégaud de l'*Iphigénie* de Le Clerc et Coras.

Fin de l'année. — Publication du premier volume de l'édition collective de ses *Œuvres*, textes et préfaces remaniés

1676. — *Début de l'année*. — Deuxième volume de l'édition collective de ses *Œuvres*.

1677. — *1er janvier*. — Création à l'Hôtel de Bourgogne de *Phèdre et Hippolyte* (elle deviendra simplement *Phèdre* dans l'édition collective de 1687).

3 janvier. — Création au théâtre Guénégaud de la *Phèdre et Hippolyte* de Pradon, dont le succès tient en balance celui de la pièce de Racine.

1er juin. — Mariage avec Catherine de Romanet, âgée de vingt-cinq ans, dont il aura deux fils et cinq filles.

Septembre. — On apprend que Louis XIV a chargé Racine et Boileau d'être ses historiographes. Ce travail, exclusif de toute autre forme d'écriture, implique que les deux amis renoncent à la poésie.

1678. — *Février-mars*. — Racine et Boileau suivent le roi dans la campagne qui aboutit à la prise de Gand ; à la différence de Boileau, Racine accompagnera désormais Louis XIV dans presque toutes ses campagnes militaires.

11 novembre. — Baptême de Jean-Baptiste, premier enfant de Racine.

1679. — Début du rapprochement avec Port-Royal.

Novembre. — Il est inquiété dans « l'Affaire des Poisons », la Voisin l'ayant accusé d'avoir empoisonné en 1668 son ancienne maîtresse, la Du Parc.

1680. — *Janvier*. — Racine cesse d'être inquiété lorsqu'on découvre que c'est une autre Du Parc que la célèbre actrice qui avait été empoisonnée.

17 mai. — Baptême de Marie-Catherine, son deuxième enfant.

18 août. — Le roi ordonne la fusion de la troupe l'Hôtel de Bourgogne et de la troupe de l'Hôtel Guénégaud : c'est la création de la Comédie-Française.

1682. — *6 mai.* — Installation définitive de la cour à Versailles.

29 juillet. — Baptême d'Anne, troisième enfant de Racine.

1683. — Pour le carnaval, Racine et Boileau composent un « petit opéra » (certainement un livret de ballet) qui ne sera pas publié.

Fin de l'année. — Les deux amis deviennent deux des neuf membres de l'Académie des inscriptions (dite Petite Académie).

1684. — *2 août.* — Baptême d'Élisabeth, quatrième enfant du poète.

1ᵉʳ octobre. — Mort de Pierre Corneille.

Fin de l'année. — *Éloge historique du Roi sur ses conquêtes* par Boileau et Racine.

1685. — *2 janvier.* — Accueillant Thomas Corneille à l'Académie française, au fauteuil de son frère Pierre, il prononce un magnifique éloge de celui-ci.

16 juillet. — Pour l'inauguration de l'orangerie de son Château de Sceaux, le marquis de Seignelay (fils et successeur de Colbert), commande à Racine et à Lully un « petit opéra » : c'est l'*Idylle sur la paix.*

1686. — Premier *Parallèle de MM. Corneille et Racine,* par Longepierre : il est à l'avantage de Racine.

29 novembre. — Baptême de Françoise, son cinquième enfant.

1687. — *Avril.* — Deuxième édition collective des *Œuvres* de Racine.

15 novembre. — Publication (avec la date 1688) du *Bréviaire romain en latin et en français* par Le Tourneux, un proche de Port-Royal ; la traduction de la plupart des hymnes des Féries est l'œuvre de Racine.

1688. — *18 mars.* — Baptême de Madeleine, son sixième enfant.

1689. — *26 janvier.* — *Esther, tragédie biblique* commandée par Mme de Maintenon à l'intention exclusive des jeunes filles de sa fondation de Saint-Cyr est créée en présence du roi. Grand succès mondain. La pièce est publiée à la fin du mois de février ou au début du mois de mars.

1690. — Il accède à la charge de gentilhomme ordinaire de la chambre du roi, tandis que sa tante, la Mère Agnès de Sainte-Thècle, est élue abbesse de Port-Royal des Champs.

1691. — *5 janvier.* — Première répétition d'*Athalie* à Saint-Cyr en présence du roi et de quelques invités ; deux autres répétitions publiques auront lieu en février en présence d'une assistance tout aussi restreinte. À cause des critiques des milieux religieux et des scrupules de Mme de Maintenon, la pièce ne fera pas l'objet d'une création mondaine avec costumes, décor et orchestre. Elle est publiée en mars.

1692. — *2 novembre.* — Baptême de Louis, son septième et dernier enfant.

1694. — *Fin de l'été.* — À la demande de Mme de Maintenon, Racine compose quatre *Cantiques spirituels*, dont trois sont mis en musique par Moreau (auteur des chœurs d'*Esther* et d'*Athalie*) et un par Delalande.

1695. — Le roi lui attribue un logement à Versailles. Il commence à rédiger l'*Abrégé de l'histoire de Port-Royal*, qui restera inachevé (la première partie sera publiée en 1742, la seconde en 1767).

1697. — Troisième et dernière édition collective, revue, de ses *Œuvres*.

1698. — On l'accuse de jansénisme auprès du roi et de Mme de Maintenon : il s'en défend et ne perd pas (contrairement à ce qu'affirmeront les légendes) la faveur royale. C'est lui qui, déjà malade et sincèrement dévot, aspire à une semi-retraite.

1699. — *21 avril.* — Il meurt d'un cancer du foie. Selon ses volontés, il est enseveli à Port-Royal, avec l'assentiment de Louis XIV.

1711. — *2 décembre.* — À cause de la destruction de Port-Royal des Champs, les restes de Racine sont transférés en l'église Saint-Étienne-du-Mont.

BIBLIOGRAPHIE

Éditions

RACINE, *Œuvres complètes*, par Raymond Picard, Bibliothèque de la Pléiade, Gallimard, 1950-1952 (2 vol.).

Théâtre de Racine, par Pierre Mélèse, Imprimerie nationale, 1951 (« Collection Nationale des classiques français », 5 vol.).

RACINE, *Théâtre complet*, par Jacques Morel et Alain Viala, Dunod, 1980 (coll. « Classiques Garnier »).

RACINE, *Théâtre complet*, par Jean-Pierre Collinet, Gallimard, 1982-1983 (coll. « Folio », 2 vol.).

RACINE, *Théâtre complet*, par Philippe Sellier, Imprimerie nationale, 1995 (coll. « La Salamandre », 2 vol.).

RACINE, *Théâtre complet*, par Jean Rohou, Hachette, 1998 (coll. « La Pochothèque »).

RACINE, *Œuvres complètes*, vol. I (théâtre et poésie), nouvelle édition par Georges Forestier, Bibliothèque de la Pléiade, Gallimard, 1999.

Études sur Racine

Racine : la Romaine, la Turque, la Juive, éd. P. Ronzeaud, Aix-en-Provence, Université de Provence, 1986.

Racine : Théâtre et Poésie, Actes du Colloque E. Vinaver (Manchester, 1987), Chr. M. Hill ed., Leeds (G.B.), Francis Cairns Publications, 1991.

Racine et Rome, éd. Suzanne Guellouz, Paradigme, 1995.

« Racine, *Britannicus, Bérénice, Mithridate* », *Littératures classiques*, 26, 1996.

BACKÈS, Jean-Louis, *Racine*, Seuil (Écrivains de toujours), 1981.

BARNWELL, Harry T., *The Tragic Drama of Corneille and Racine. An Old Parallel Revisited*, Oxford, Clarendon Press, 1982.

BARTHES, Roland, *Sur Racine*, Seuil, 1963.

BENHAMOU, Anne-Françoise, *La Mise en scène de Racine de Copeau à Vitez*, Thèse de doctorat de 3ᵉ cycle, Université Paris III, 1983 (3 vol.).

BERNET, Charles, *Le Vocabulaire des tragédies de Jean Racine : analyse statistique*, Paris-Genève, Champion-Slatkine, 1983.

BUTLER, Philip, *Classicisme et baroque dans l'œuvre de Racine*, Nizet, 1959.

DELCROIX, Maurice, *Le Sacré dans les tragédies profanes de Racine*, Nizet, 1970.

DESCOTES, Maurice, *Les Grands Rôles du théâtre de Jean Racine*, PUF, 1957.

DUBU, Jean, *Racine aux miroirs*, SEDES, 1992.

FORESTIER, Georges, « Dramaturgie racinienne (Petit essai de génétique théâtrale) », *Littératures classiques*, 26, 1996, p. 14-38.

FRANCE, Peter, *Racine's Rhetoric*, Oxford, Clarendon Press, 1965.

FREEMAN, Bryant C., et BATSON, Alan, *Concordance du théâtre et des poésies de Racine*, Ithaca, Cornell Univ. Press, 1968.

GOLDMANN, Lucien, *Le Dieu caché*, Gallimard, 1956.

GUTWIRTH, Marcel, *Jean Racine : un itinéraire poétique*, Univ. de Montréal, 1970.

HAWCROFT, Michael, *Word as Action. Racine, Rhetoric and Theatrical Language*, Oxford, Clarendon Press, 1992.

HEYNDELS, Ingrid, *Le Conflit racinien, esquisse d'un système tragique*, Éd. de l'Université de Bruxelles, 1985.

HUBERT, Judd D., *Essai d'exégèse racinienne. Les secrets témoins*, Nizet, 1956.

KNIGHT, Roy C., *Racine et la Grèce*, Boivin, 1950.

MASKELL, David, *Racine : a Theatrical Reading*, Oxford, Clarendon, 1991.

MAURON, Charles, *L'Inconscient dans l'œuvre et la vie de Jean Racine*, Ophrys, 1957.

MAY, Georges, *Tragédie cornélienne, tragédie racinienne. Étude sur les sources de l'intérêt dramatique*, Urbana, University of Illinois Press, 1948.

MOREL, Jacques, *Racine*, Bordas, 1992.

MOURGUES, Odette de, *Autonomie de Racine*, Corti, 1967.

NIDERST, Alain, *Les Tragédies de Racine. Diversité et unité*, Nizet, 1975.

PARISH, Richard, *Racine : the Limits of Tragedy*, Paris-Seattle-Tübingen, PFSCL/Biblio 17, 74, 1993.

PHILLIPS, Henry, *Racine : language and theater*, University of Durham, 1994.

PICARD, Raymond, *Corpus racinianum*, Belles Lettres, 1956 ; augmenté sous le titre : *Nouveau corpus racinianum*, Éd. du CNRS, 1976.

PICARD, Raymond, *La Carrière de Jean Racine*, Gallimard, 1956.

PICARD, Raymond, *De Racine au Parthénon*, Gallimard, 1977.

POMMIER, Jean, *Aspects de Racine*, Nizet, 1954.

RATERMANIS, Janis B., *Essai sur les formes verbales dans les tragédies de Racine. Étude stylistique*, Nizet, 1972.

ROHOU, Jean, *L'Évolution du tragique racinien*, SEDES, 1991.

ROHOU, Jean, *Jean Racine entre sa carrière, son œuvre et son Dieu*, Fayard, 1992.

ROHOU, Jean, *Jean Racine. Bilan critique*, Nathan, 1994.

ROUBINE, Jean-Jacques, *Lectures de Racine*, Armand Colin, 1971.

SCHERER, Jacques, *Racine et/ou la cérémonie*, PUF, 1982.

SELLIER, Philippe, « Le jansénisme des tragédies de Racine. Réalité ou illusion ? », *Cahiers de l'Association Internationale des Études Françaises*, XXXI, mai 1979, p. 135-148.

SPENCER, Catherine, *La Tragédie du prince. Étude du personnage médiateur dans le théâtre tragique de Racine*, Paris-Seattle-Tübingen, PFSCL/Biblio 17, 1987.

SPITZER, Leo, « L'effet de sourdine dans le style classique : Racine » (1931), dans *Études de style*, Gallimard, 1970, p. 208-335.

STAROBINSKI, Jean, « Racine et la poétique du regard », dans *L'Œil vivant*, Gallimard, 1961.

TOBIN, Ronald W., *Racine and Seneca*, Chapel Hill, Univ. of North Carolina Press, 1971.

VIALA, Alain, *Racine. La Stratégie du caméléon*, Seghers, 1990.

VINAVER, Eugène, *Racine et la poésie tragique*, Nizet, 1951.

WEINBERG, Bernard, *The Art of Jean Racine*, Univ. of Chicago Press, 1963.

ZIMMERMANN, Éléonore, *La Liberté et le destin dans le théâtre de Racine*, Saratoga (California), Anma Libri, 1982.

Études sur Bérénice

TEXTES DU XVIIᵉ SIÈCLE

VILLARS, Henri de Montfaucon, abbé de, *La Critique de Bérénice* (1671), dans Racine, *Œuvres complètes*, vol. I (théâtre et poésie), éd. Georges Forestier, Bibliothèque de la Pléiade, Gallimard, 1999, p. 511-519.

S***, sieur de (Pierre de Saint-Glas, abbé de Saint-Ussans), *Réponse à la Critique de Bérénice* (1971), dans Racine, *Œuvres complètes*, éd. cit., p. 520-533.

Anonyme, *Tite et Titus ou Critique sur Les Bérénices*, Comédie (1673), dans Racine, *Œuvres complètes*, éd. cit., p. 534-556.

ÉTUDES CONTEMPORAINES

AKERMAN, Simone, *Le Mythe de Bérénice*, Paris, Nizet, 1978.

ANTOINE, Gérald, *Racine : Bérénice*, Paris, C.D.U., 1957.

ANTOINE, Gérald, « Pour une stylistique comparative des deux Bérénice », *Travaux de linguistique et de littérature*, XI, 1, 1973, p. 444-461 (repris dans *Vis à vis ou le double regard*, PUF, 1982, p. 67-90).

BIARD, J.D., « Le ton élégiaque dans *Bérénice* », *French Studies*, XIX-1, 1965, p. 1-15.

BLANC, André, « *Bérénice* et les "hélas de poche" », dans *L'Art du théâtre, Mélanges à la mémoire de Robert Garapon*, 1992, p. 277-287.

CAMPBELL, John, « *Bérénice* : the flotting of a tragedy », *Seventeenth Century French Studies*, 15, 1993, p. 145-155.

CAMPBELL, John, « Playing for time in *Bérénice* », *Nottingham French Studies*, Autumn 1993, p. 23-28.

CHARLES, Michel, « Les *Bérénice* », dans *Introduction à l'étude des textes*, Seuil, 1995, p. 282-293.

COUPRIE, Alain, « Le personnage du conseiller des rois dans *Bérénice, Bajazet* et *Athalie* », *L'Information littéraire*, janvier-février, 1986, p. 6-11.

DAINARD, J. Alan, « The power of the spoken word in *Bérénice* », *Romanic Review*, 67, 1976, p. 157-171.

DECLERCQ, Gilles « "Alchimie de la douleur" : l'élégiaque dans *Bérénice*, ou la tragédie *éthique* », *Littératures classiques*, 26, 1996, p. 139-165.

DEFAUX, Gérard, « Titus ou le héros tremblant », dans *French Forum*, 1985, p. 271-294.

DEFAUX, Gérard, « The case of *Bérénice* : Racine, Corneille and the mimetic desire », *Yale French Studies*, n° 76, 1989, p. 211-239.

DELMAS, Christian, « *Bérénice* et les rites de succession royale », *XVIIᵉ Siècle*, 157, octobre-décembre, 1987, p. 395-401.

DELMAS, Christian, « *Bérénice* comme rituel », dans *Racine : Théâtre et Poésie* », Actes du Colloque E. Vinaver (Manchester, 1987), Chr. M. Hill ed., Leeds (G.B.), Francis Cairns Publications, 1991, p. 191-203.

DE NARDIS, Luigi, « *Bérénice* ou l'"amors de lonh" », dans *Actes du Iᵉʳ Congrès international racinien (Uzès, 7-10 septembre 1961)*, Uzès, 1962, p. 29-35.

FERREIRA-ROSS, Jeanette, « A comparison between two tragedies : Shakespeare's *Antony and Cleopatra* and Racine's *Bérénice* », *French Studies in Southern Africa*, 19, 1990, p. 11-27.

FORESTIER, Georges, « Où finit *Bérénice* commence *Tite et Bérénice* », [in] *Onze études sur la vieillesse de Corneille, Mélanges à la mémoire de Georges Couton*, Strasbourg-Paris, ADIREL-Klincksieck, 1994, p. 53-75 (repris dans G. Forestier, *Corneille. Le sens d'une dramaturgie*, SEDES, 1998, p. 103-117).

GUÉNOUN, Solange, « Séparation des corps dans *Bérénice*, ou du "rien" Racine fait quelque chose », *Alternatives. Mélanges Jean Alter*, W. Motte & G. Prince éd., Lexington (Kentucky), French Forum Publishers, 1993, p. 107-120.

GOODKIN, Richard E., « Racine and the excluded third (person) : *Britannicus, Bérénice, Bajazet*, and the tragic "milieu" », *Continuum*, II, 1990, p. 107-149.

HEPP, Noémi, « Le personnage de Titus dans *Bérénice*. Essai de mise au point », *Travaux de linguistique et de littérature*, 1980-2.

MALL, Laurence, « Dire le départ ; ou comment faire quelque chose de rien : étude sur *Bérénice* », *Neo-Philologus*, January 1991, p. 41-55.

MARY, G., « *Bérénice* dans ses plis », *L'Information littéraire*, septembre-octobre 1992, p. 21-26.

MICHAUT, G., *La Bérénice de Racine*, Paris, Société Française d'Édition et de Librairie, 1907.

MOREL, Jacques, « À propos de *Bérénice* : Le thème du mariage des Romains et des reines dans la tragédie française du XVIIᵉ siècle », dans *Mélanges de littérature française offerts à Monsieur René Pintard*, Univ. de Strasbourg, 1975, p. 229-238.

PARISH, Richard, « *Bérénice* : tragedy or anti-tragedy ? », dans *The Seventeenth Century. Directions Old and New*, 1992, p. 98-107.

PRÉVOT, Jacques, « Le Lieu dans *Bérénice* », *L'Intelligence du passé. Les faits, l'écriture et le sens*. Mélanges Jean

Lafond, Publications de l'Université de Tours, 1988, p. 275-280.

Racine : la Romaine, la Turque et la Juive (regards sur Bérénice, Bajazet, Athalie), P. Ronzeaud éd., Aix-en-Provence, Université de Provence, 1986.

Scherer, Jacques, « Les personnages de *Bérénice* », *Mélanges d'Histoire littéraire (xvie-xviie siècle) offerts à Raymond Lebègue*, Nizet, 1969.

Siguret Françoise, « Bérénice/Impératrice : lecture d'une rime », *French Forum*, 1978, p. 125-131.

Stone, Harriett, « *Bérénice* : les voiles du pouvoir », dans *Ordre et contestation au temps des classiques*, Actes du 21e Colloque du CMR 17 (1991), R. Duchêne et P. Ronzeaud éd., Paris-Seattle-Tübingen, Biblio17, 1992, vol. I, p. 225-233.

Supple, James J., « The role of Antiochus in *Bérénice* », *XVIIth Century French Studies*, 11, 1988, p. 151-162.

Sussman, Ruth, « *Bérénice* and the tragic moment », *L'Esprit créateur*, 15, 1975, p. 241-251.

Truchet, Jacques, « Sur deux vers de *Bérénice*. L'amour renforcé par la raison : paradoxe ou lieu commun ? », *Ouverture et dialogue. Mélanges Leiner*, 1988, p. 443-446.

Voltz, Pierre, « *Bérénice, Bajazet, Athalie* : réflexions dramaturgiques à partir de la notion d'espace dans la tragédie racinienne », dans *Racine : la Romaine, la Turque et la Juive*, éd. cit., p. 51-80.

Études sur le théâtre du xviie siècle et l'esthétique classique

Adam, Antoine, *Histoire de la littérature française au xviie siècle*, Domat, 1948-1956, 5 vol. (rééd. Del Duca, 1962 ; réimpr. Albin Michel, 1996).

Bénichou, Paul, *Morales du Grand Siècle*, Gallimard, 1948.

Biet, Christian, *La Tragédie*, Armand Colin, 1997.

Bray, René, *La Formation de la doctrine classique*, Hachette, 1927 (rééd. Nizet, 1966).

Bury, Emmanuel, *Le Classicisme*, Nathan, 1993.

CHANTALAT Claude, *À La Recherche du goût classique*, Klincksieck, 1992.

DEIERKAUF-HOLSBOER, Sophie-Wilma, *Le Théâtre de l'Hôtel de Bourgogne*, Nizet, 1968-70 (2 vol.).

DELMAS, Christian, *La Tragédie de l'âge classique (1553-1770)*, Seuil, 1994

FORESTIER, Georges, *Introduction à l'analyse des textes classiques*, Nathan, 1993.

KIBÉDI VARGA, Aron, *Rhétorique et littérature. Études de structures classiques*, Didier, 1970.

KIBÉDI VARGA, Aron, *Les Poétiques du classicisme*, Aux Amateurs de Livres/Klincksieck, 1990.

LOUVAT, Bénédicte, *La Poétique de la tragédie classique*, SEDES, 1997.

MOREL, Jacques, *La Tragédie*, Armand Colin, 1964.

MOREL, Jacques, *Agréables mensonges. Essais sur le théâtre français du XVIIᵉ siècle*, Klincksieck, 1991.

PASQUIER, Pierre, *La Mimesis dans l'esthétique théâtrale du XVIIᵉ siècle*, Klincksieck, 1995.

PELOUS, Jean-Michel, *Amour précieux, amour galant (1654-1675). Essai sur la représentation de l'amour dans la littérature et la société mondaines*, Klincksieck, 1980.

ROHOU, Jean, *La Tragédie classique*, SEDES, 1995.

SCHERER, Jacques, *La Dramaturgie classique en France*, Nizet, s.d. [1950].

TOCANNE, Bernard, *L'Idée de nature en France dans la seconde moitié du XVIIᵉ siècle. Contribution à l'histoire de la pensée classique*, Klincksieck, 1978.

TRUCHET, Jacques, *La Tragédie classique en France*, Paris, PUF, 1975 (nouv. éd. 1997).

VIALA, Alain, *Naissance de l'écrivain*, Minuit, 1985.

ZUBER, Roger, et CUÉNIN, Micheline, *Le Classicisme (1660-1680)*, Artaud, 1984 (rééd. Flammarion, 1998).

TABLE DES ILLUSTRATIONS

Table